個人投資家 まつのすけ

会社員をしつつ、株で元手40万から月250万ちょい稼いでいる件

ぱる出版

本書の印税は、全額を日本赤十字社に寄付いたします。
その理由は、冒頭の漫画と「おわりに」をご覧ください

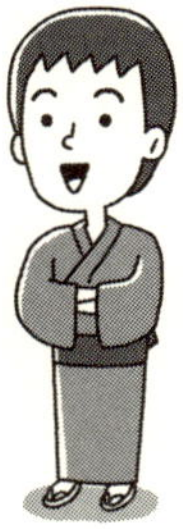

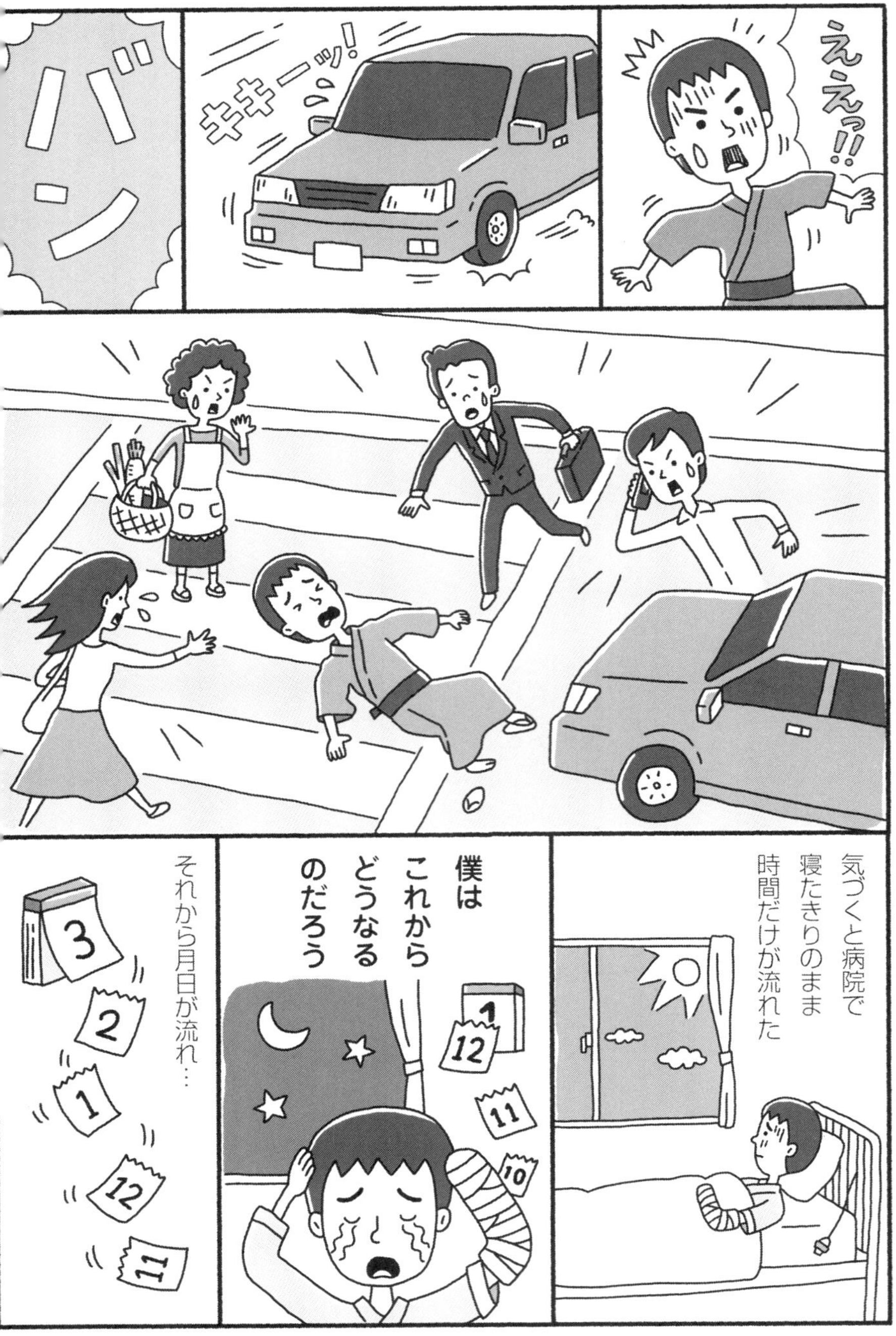
ええっ!!
キキーッ!
バーン
気づくと病院で
寝たきりのまま
時間だけが流れた
僕は
これから
どうなる
のだろう
それから月日が流れ…

はじめまして、投資家の
まつのすけと言います。
資金四十万円ではじめた株で、
40万
年3000万
今では年三千万円は稼いでいます。
でも、専業の投資家ではなく、
普段は平凡な三十代の会社員です。
まつのすけ
交通事故で寝たきりになって、先の見えなかった当時は、将来こうなるなんて想像できませんでした。
今こそ「億り人」の僕ですが、二十代のころはダメダメ投資家でした。
へへへへ…
20代
当時は、ウォーレン・バフェットさんという世界一の投資家のマネをしてバリュー株投資というのをしていました。
マネしよう!
20代
要するに、注目度は低いけど、将来性の高い企業を青田買いする手法です。
HAHAHA…
ウォーレン・バフェット
でも全然うまくいきませんでした。ライブドアショックでは、大金をソンして気絶しかけたことだってあります。
ズーーン!!
ライブドアショック!
20代
しかし、ある手法を実践するようになってから手堅く年二十~百%で稼げるようになったのです。

その手法が「イベント投資」です！
ジャーーーン!!
イベント投資
イベント投資を一言でいうと「ある出来事に対して値動きの法則を見出し、優位性の高いほうに投資する手法」になります。
次のグラフを見てください。これは日経平均の季節変動を2000～2017年でまとめたものです。
日経平均株価の季節変動（2000～2017年平均）
プラス推移
マイナス推移
3.00%
2.50%
2.00%
1.50%
1.00%
0.50%
0.00%
-0.50%
-1.00%
-1.50%
-2.00%
11月
12月
1月
2月
3月
4月
5月
6月
7月
8月
9月
10月
例外
例外
1月、6月は例外ですが、11月～4月がプラス、5月～10月がマイナスですね。
では…

10月末
日経平均を購入する
BUY
売却
SELL
4月末
終値で空売り
（株が下がると儲かる手法）
翌年10月末
買い戻す…
BUY
これを繰り返した場合、資産は次のようになります。
資産推移
500%
450%
400%
350%
300%
250%
200%
150%
100%
50%
2000年
2017年
4.5倍！
ビックリしませんか？
ビシッ
4・5倍になってるんです。100万だったら450万、1000万だったら4500万です。

株っていうと、チャートとにらめっこしたり、すっごい時間かけて企業分析したりするイメージありますよね。
努力!
イベント投資にそんな努力は必要ありません。
努力!
「知っているだけで、儲けられる」
イベント投資
それがイベント投資です。
知識も時間もいらないので、副業に最適な手法だと、僕は思っています。
給料
投資
まあ、ぶっちゃけ、その値動きの法則性を探すのは結構大変です。
過去のデータを検証しないといけないので…
チッ チッ
チッ チッ

でも、心配しないでください。
会社員をしつつ、
株で
元手40万
月250万
稼いでいる件
偉大な先人が発見した有名どころはもちろん、僕が発見した秘密の法則の一部を本書では公開しちゃいます！
初心者の方は、本書をパラパラめくって、気になったイベントに少額から投資してください。データ収集＆分析まで行い、自分なりのイベント投資をできるようになれば最高です。
パラ
パラ
この本を手に取ったあなたが、最短で稼げる個人投資家になることを願いつつ…いよいよ本編の始まりです！

第1章

ちょっとアウトローでヤンチャな「イベント投資」

第2章

依然として有効! 「東証一部昇格」狙いの中期投資

第3章

ほぼ必勝！「株主優待先回り」で絶対リターン

第4章

「IPOプライマリー・セカンダリー」でゴリゴリ儲ける

第5章

たった2ヶ月で爆益！「TOB」狙いの投資

第6章

日はまた昇る！「不祥事株」の復活で驚異的に稼ぐ

第7章

価格に歪みが残っている「中小型株」は宝の山

第8章

基本は順張り 暴落は逆張り！
「二刀流」で手堅く稼ぐ

第9章

「ロング・ショート戦略」で
ストレスフリーに常勝

第10章

「売買シミュレーション&データ収集」で神速投資

第11章

最新の「行動経済学」で負けグセを治す！

おまけ

スワップ狙いの「FX両建て」で低リスクに高利回り

装丁　安賀裕子
イラスト　キタ大介

はじめまして。
まつのすけの助手のまつ子といいます。
素人以前の「ど素人」なので、
まつのすけの話が難しくなったら、
ばしばしツッコミを入れていきます！

第1章

ちょっとアウトローで
ヤンチャな「**イベント投資**」

イベント投資ってこんなのです

教科書的な株式投資とは企業に資本を投じて、当該会社の経済活動の果実を享受する投資となります。ウォーレン・バフェット氏に象徴される長期投資が王道とされる傾向がありますが、短期売買を行う投資家も数多くいらっしゃいます。

株価＝ＥＰＳ（利益）×ＰＥＲ（評価）、もしくはＢＰＳ（資産）×ＰＥＲ（評価）と表現できます。**株価上昇は、利益・資産の増加、投資家の評価の改善、特殊需給の発生などの要因**があります。

投資家ごとに投資手法は多種多様であり、ファンダメンタルズが王道ではあるものの、モメンタム、値動き、テクニカルなど幅広い切り口があります。

期待収益率（期待値）が高い状況において適切な量のお金を投資できると、資産運用が成功する確率が上昇します。人それぞれ得意分野が異なるので、期待値が高い投資手法というのは人によって変わってきて、普遍的な一つの答えがある訳ではありません。

？？？　いきなり難しいんですけど

ああ、ごめんなさい。この項は要するに、「イベント投資って業界的にこんな立ち位置なんだな」って何となくわかってもらえればいいです。

さて、ファンダメンタルズに比較すると、割安な株価の企業に投資して割安が修正されるのを狙う「バリュー投資」、企業業績が拡大する銘柄に投資することに期待値が高いと考える「グロース投資」、値動きに波乗りして順張りする「モメンタム投資」、過去の値動きの分析に基づいて、利益が出るシグナルを発掘、勝率が高い局面にベットする「システム投資」、株価指数と連動する投資信託やＥＴＦを購入する「インデックス投資」など多様な投資手法があります。

時間軸も数秒で完結する「スキャルピング」、１日で結果が出る「デイトレ」、数日～数週間の「スイング」、数ヶ月～数年の「中期投資」、数年～数十年の「長期投資」まで千差万別です。

スポーツだとある程度、型は決まっており、成功のためにやることは日々トレーニング・練習を行って、試合でその成果を出してパフォーマンスを発揮することに収斂《しゅうれん》されます。

しかし、投資の場合は千差万別であり、場中は日々モニターの前でウォッチするデイトレーダー、定例作業はシグナルが出ているかをチェックするだけで後はシステムのメンテナンスを行うシステムトレーダー、場はほとんど見ずに企業分析を繰り返すバリュー投資家やグロース投資家など多様なスタイルがあります。

また、一つの投資手法だけではなく色んな方法で勝ち続けられる万能戦士の勇者のような投資家も存在しています。

バリュー投資　VS　グロース投資、アクティブ運用　VS　インデックス運用、ファンダメンタルズ　VS　テクニカル、裁量投資　VS　システレなど幾多の対立軸がありますが、どちらが適しているかは人それぞれで答えはありません。

犬を飼うのと、猫を飼うのはどちらが正しいのかを議論するようなものね

そう！　そんな感じです。それは人によって異なり、ある人にとっては猫、ある人にとっては犬となります。

同じ局面でも投資家によって期待値は異なるので、大切なことは**自分の投資手法・投資スタイルを磨いて、大きく勝てるポイントを増やす**ことです。

初心者のうちはできる限り幅広い投資手法に触れることをおすすめします。自分は長期投資派だと考えていても、意外にも短期的なトレーディングが向いていたということは多々あります。もちろん逆もまた然りです。

私も、最初はウォーレン・バフェット氏に憧れて、成長する企業に割安な株価で投資するというスタイルで、逆張りを選好していました。しかし、あまり大きなリターンを獲得できずに損失が出ることも多い状況でした。主に短期売買で順張りを意識するようになってから、安定的に勝てるようになりました。

適正がある投資手法を選択せずに、なんとなく良いと思った投資方法を続けることで、「生涯に渡るリターンが数千万円、数億円違っていた」となるともったいないので、最初は色んな投資を少額で試してみることをおすすめします。

幾多の投資手法の中の一つとして「イベント投資」があります。王道的な扱いの長期投資とは対極の手法となっており、ちょっとアウトローでヤンチャなストラテジーで、ファイナンシャル・プランナーが推奨することはまずない方法論です。

イベント投資の凄すぎる特長 4つ

私が主に実践しているのはイベント投資です。個人投資家では夕凪《ゆうなぎ》さんという方が世に広めた投資手法です。夕凪さんが道を切り拓いたイベント投資のおかげで、投資家として大成することができ、尊敬の念を抱いています。

夕凪さんはイベント投資家のレジェンドであり、著書の『スタバ株は1月に買え！10万円で始めるイベント投資入門』（東洋経済新報社）は名著で、とても参考になるのでおすすめです。

いきなり他の本のオススメ入っちゃったわね…

でも、それくらいステキな本なんです！　イベント投資の主なメリットは以下4点です。

①過去のデータから統計的に優位な傾向がある取引を行えて、損益が安定して絶対リターンの継続的な獲得が期待可能

②バイ&ホールドと比較すると市場の変動に左右されないので、株価暴落の影響が軽微

③スタイルが確立したら投資にあまり時間がかからない（兼業投資家でもOK）

④期待値が高い局面を多く見つけられて引き出しが増える

①③は冒頭の漫画で触れているわね

イベント投資はシステムトレードとは異なり、事前に設定した売買ルールに基づいて機械的に売買を行う訳ではありませんが、イベントに着目して勝率が高い局面で取引します。以下、実践しているイベント投資の実例をご紹介します。まずは、冒頭の漫画で説明した投資をもっと詳細に説明してみますね。

年間10分でできる日経平均投資で資産は4・5倍になった

イベント投資のネタとなる材料は数多くあり、それぞれの嗜好・確信度に応じて取引することになります。一例として、日経平均の季節特性を活かした投資をご紹介します。

「Sell in May, and go away; don't come back until St Leger day」というアメリカの有名な格言があります。「5月に売って、去れ。そして、セント・レジャー・デー（9月の第2土曜日に行われる競馬のレース）まで戻ってくるな」という意味で、これと似たような季節特性が日本の株式市場にも該当しています。夕凪さんも前述の著書で述べていらっしゃいます。

日経平均株価の季節変動（2000〜2017年平均）は**11月〜4月の調子がよく、5月〜10月のパフォーマンスが悪い傾向**がありました。P27上のグラフは当月末日／前月末日の平均リターンです。

1月は平均がマイナスリターン、6月はプラスリターンとそれぞれ1ヶ月だけ例外の傾向を示す月がありますが、それ以外は調子が良い時期と悪い時期できれいに2分されます。**10月末に買って4月末に売ると高いパフォーマンス**となっています。1年間のうち半年だけ日経平均をロング（保有）して、残りの半年は投資を休むかショート（カラ売り）すると、バイ＆ホールド（買って、保有し続けること）よりも高いリターンを獲得できました。11月を起点としたグラフはＰ27下のとおりです。★は例外の月です。

実際に１９９９年末から２０１７年末まで11月～４月末は日経平均株価をロング（保有）して、５月～10月末はショート（空売り）した場合、資産は大幅に増加しました。

10月末に購入して４月末に売却、ドテン（買い・売りのポジションをひっくり返すこと）で４月末の終値に空売りして10月末に買い戻しを繰り返した場合の累積リターンがＰ28です。このグラフには売買コスト・税金は含めていないので、手数料・税金をマイナスした手取りは目減りします。

単純に日経平均をバイ＆ホールドした場合と比較すると、11月～４月の前半ロング・５月～10月の後半ショート戦略は、大幅にパフォーマンスが良好です。

えー、日経平均のインデックスを買うより全然いいじゃない！

もっとも、空売りするためには信用取引でＥＴＦ等を信用売りするか、先物取引でショートポジションを構築してロールオーバーする必要があります。ＣＦＤという選択肢もあります。

信用取引・先物取引・ＣＦＤは一切行わずに現物取引だけという方もいらっしゃるでしょ

１月、６月を除きプラス時期とマイナス時期に２分される

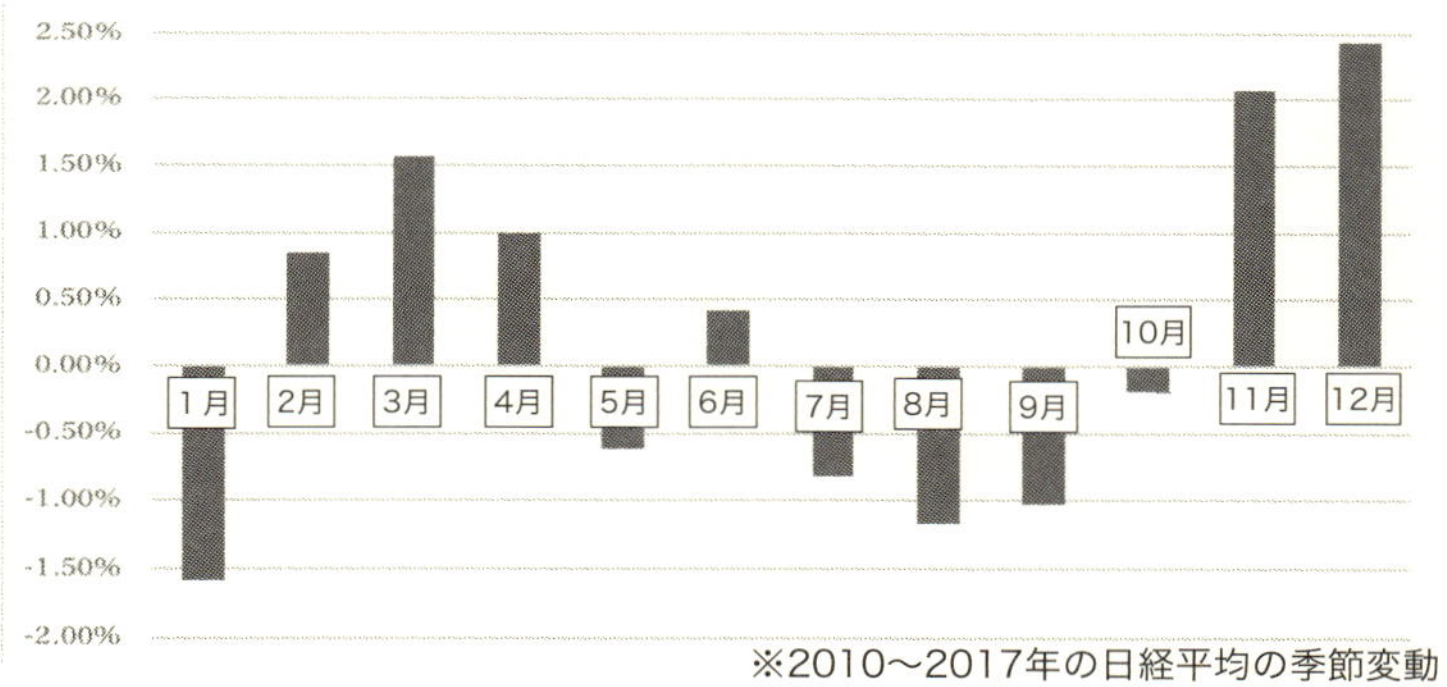

※2010〜2017年の日経平均の季節変動

上記のグラフの11月起点バージョン

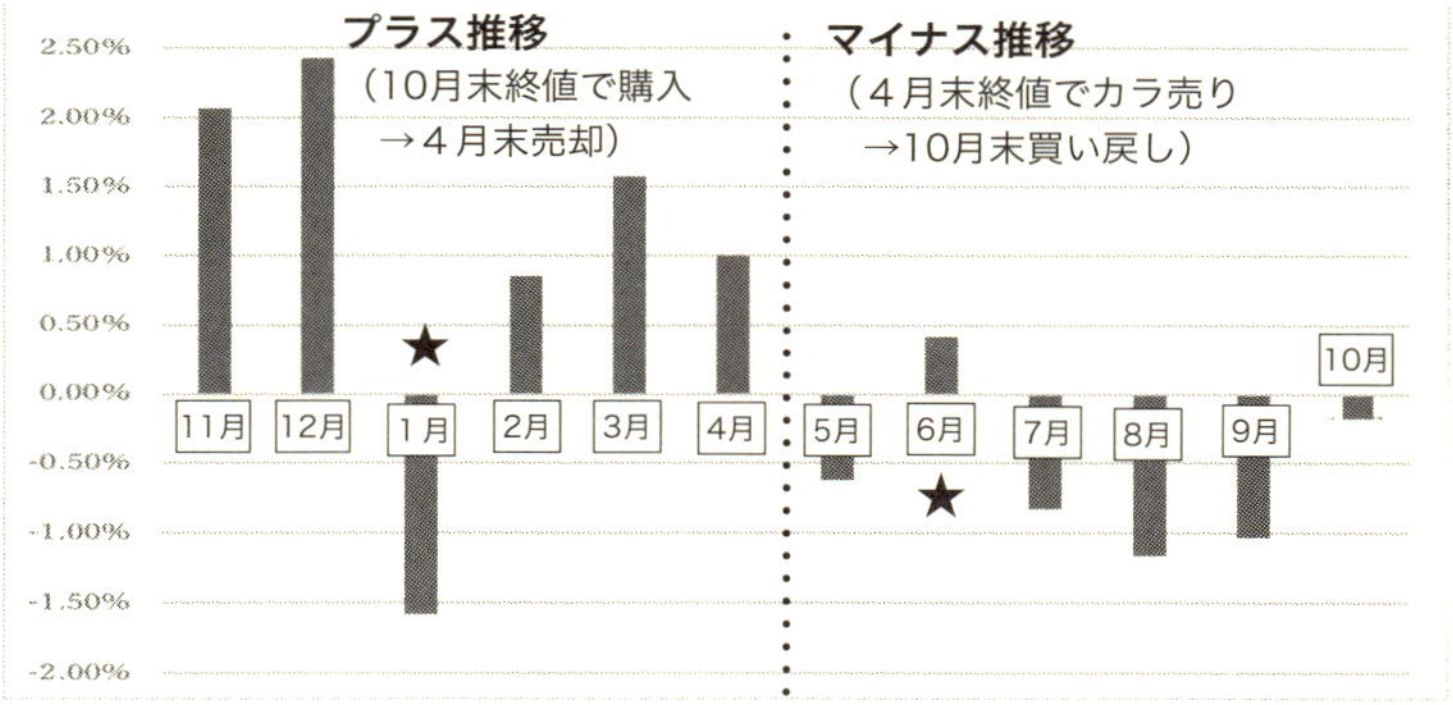

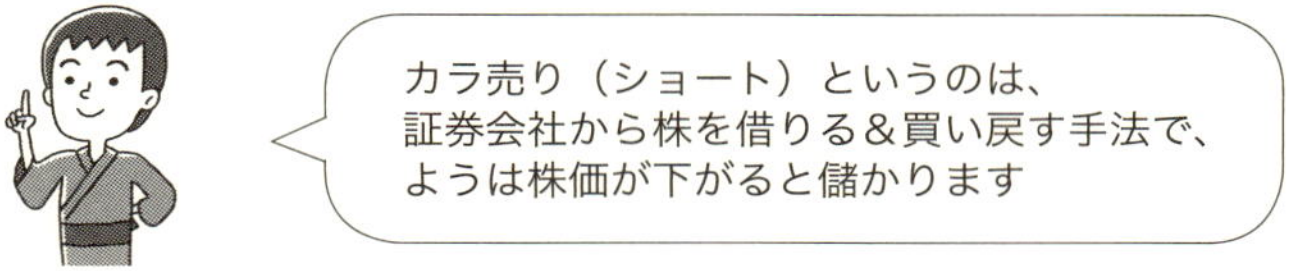

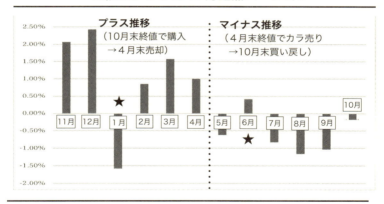

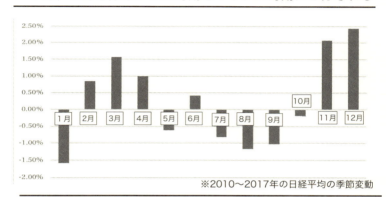

ロング＆ショート戦略を取った場合

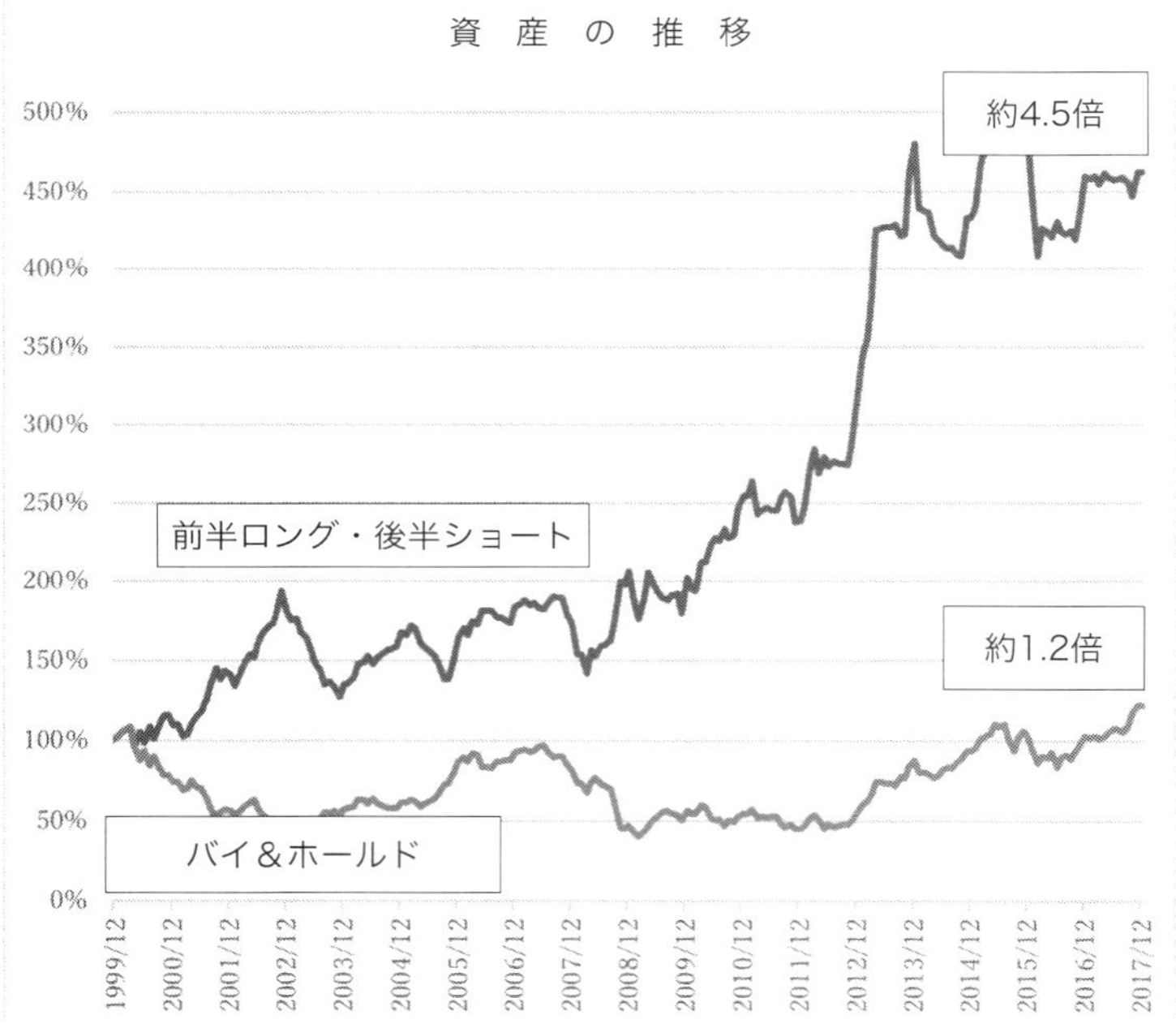

※1999年11月末の終値で購入～2017年12月末までの騰落

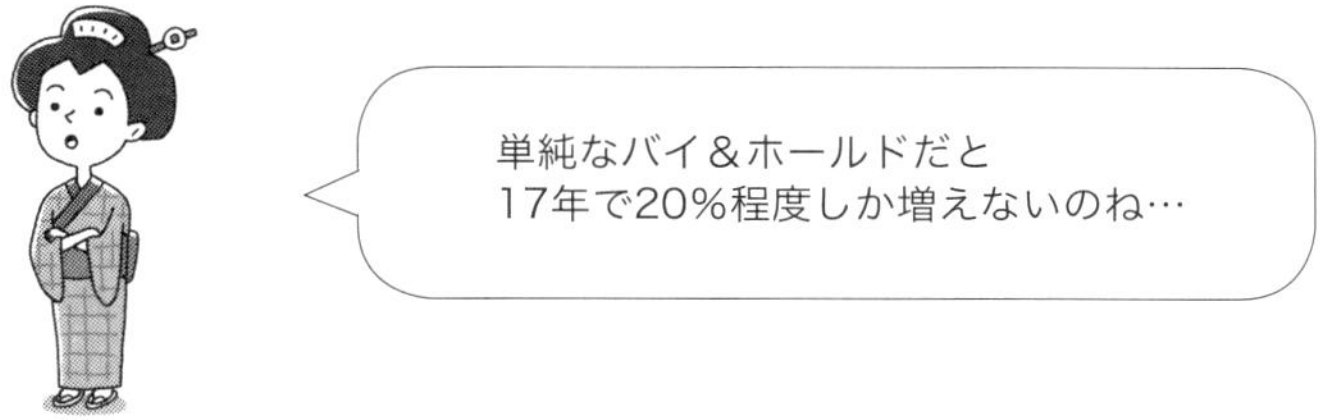

う。また、心情的に空売りはしたくないという方も多いと思います。

空売りって証券会社から株を借りるのよね。ちょっとイヤね

そこで11月～4月の前半は日経平均株価をＥＴＦ、先物、投信などでロングして、４月末に売却して5月～10月は何もせずにお休みするパターンを分析します。

この場合の資産推移はＰ30のとおりです。前半ロング・後半ショートと比較するとパフォーマンスが悪くなりましたが、それでもバイ&ホールドよりは大幅に上回る成果を叩き出しました。

すごい戦略の気がするけど、デメリットはないの?

もちろん、あります。Ｐ31のとおり、年ごとのバラつきが大きく、平均するとトータルでは好成績となるものの、年によっては前半のパフォーマンスが悪いことや、後半が良い年もあることです。２０１８年は2月に株価の急落がありました。

この単純な戦略に基づく売買は行わない場合でも、たとえばＰ32冒頭のように季節特性を抑えることで、ポジションを調整するという使い方も可能です。

ロング＆お休み戦略を取った場合

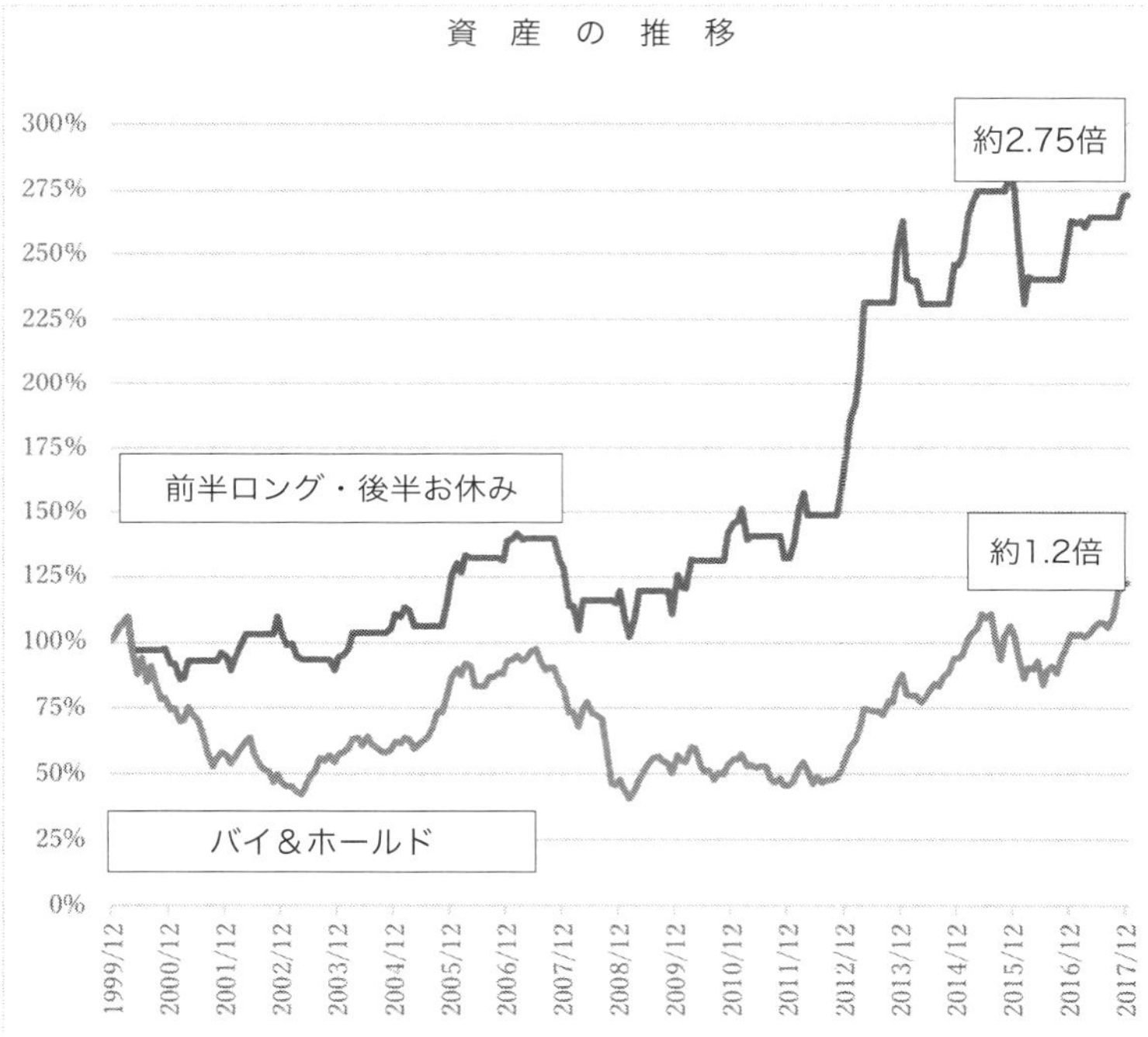

※1999年11月末の終値で購入〜2017年12月末までの騰落

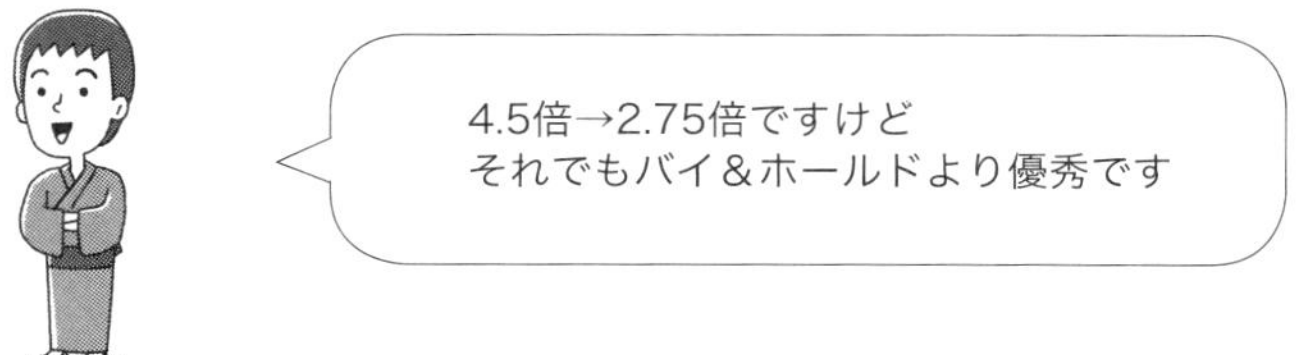

平均では勝つものの、年ごとのバラツキも大きい

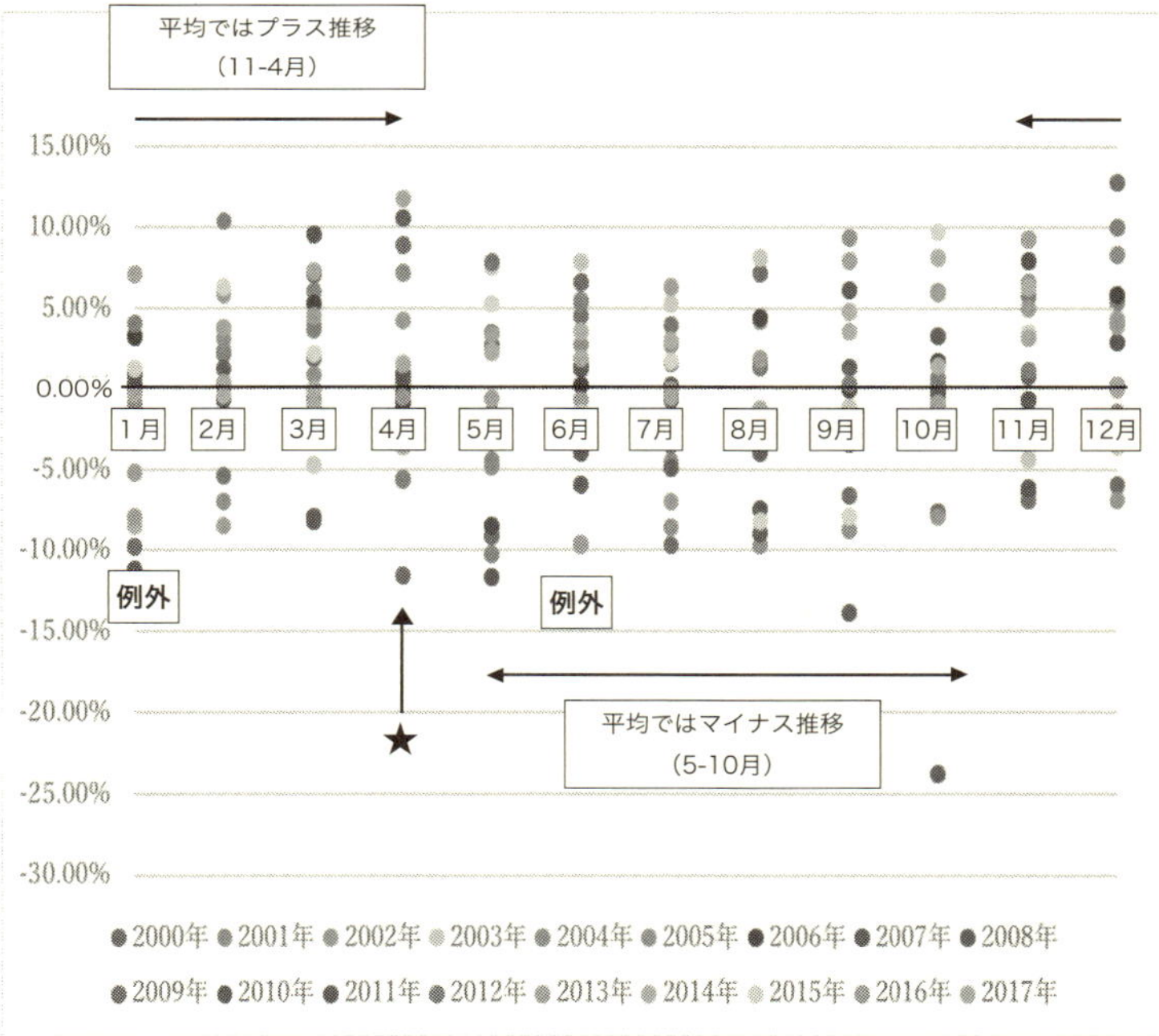

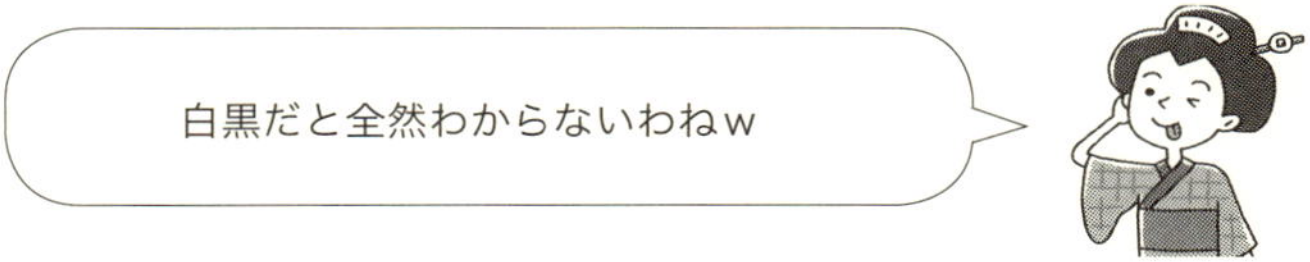

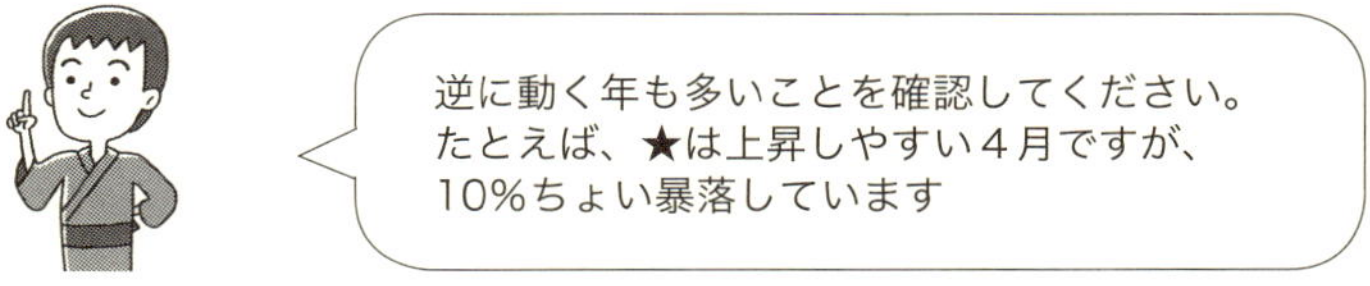

・11月～4月は買い目線、5月～10月はロング・ショート気味にショート・ポジションを作ってヘッジする目線で臨む。
・季節特性と適合的な株価変動を見せている年は強気になってロットを増やす。

こうした季節特性をイベントと捉えて、超過収益を狙うトレードを実践しています。単純なロング・ショート戦略なら、知識がない方でも年間10分もあればできちゃいますね。

ど素人でも年末・年始の取引だけで17勝1敗の投資ができた！

他のイベント投資も紹介しましょう。株式市場での年末の最終取引日は「大納会《だいのうかい》」、新年の初取引が行われる日は「大発会《だいはっかい》」という名前です。両者それぞれアノマリーを利用することで、安直にリターンを獲得できる傾向が続いています。

アノマリーは「理論的根拠はないけど、経験上よくあたる」という意味ね

そうです、さすがまつ子ちゃん。ありがとう！　大納会の日は、日経平均株価が下落し

て陰線（マイナス）になるほうが多くなっています。年末から年始まで数日間株式市場はお休みとなるので、その間の突発的なリスクを抑えるために、年末に株式を売却してロングポジションを手仕舞《てじま》う（決済する）動きが出るためという理由付けが考えられます。

新年が明けた初取引となる大発会は、大納会の終値と比較すると初値はプラスとなる傾向があります。リスク回避のために年末に株式を売却していた投資家が、買戻してロング・ポジションを復元する動きが出るためと言われています。

さらに大発会の初値が大納会の終値と比較してプラスだと、大発会は陽線となりプラスとなる傾向があります。逆に大発会の初値が大納会の終値と比較してマイナスだと、その日は平均的には軟調なパフォーマンスとなる傾向があります。となると、大発会は

・大発会の初値＞大納会の終値

↓大発会の初値で買って、終値で売る

・大発会の初値＜大納会の終値

↓大発会の初値で空売りして、終値で買い戻す

で取引すると、プラスリターンの傾向にあります。アノマリーですから、こうなる論理的根拠はありませんが、初値が前年比でプラスとなると、市場参加者が新年から気分良く

なり、全体では強気に傾くことでご祝儀相場的な色彩を帯びるのかもしれません。初値が前年比でマイナスだった場合はその逆がきれいに当てはまります（Ｐ35）。

大発会の初値についている「＋」「－」のマークは、大納会の終値と比較したものです。また、大発会の騰落率につけた「★」マークは、初値で「＋」がついたのに終値が下落したケース、初値で「－」がついたのに終値が上昇したケースにつけてます。

図のとおり、★の例外ケースは18回中３回でした。

このアノマリーを利用して、大発会の９時の寄り付きに着目して、日経平均株価が大納会よりもプラスで寄り付きそう（初値がつきそうなら）なら、大発会はそのまま日経平均ロングのポジションを維持し、買い増しも検討します。

逆にマイナスで寄り付きそうなら、寄りでロングをクローズして、ドテンでショートします。このような取引を行った場合の大発会１日のリターンはＰ36のとおり15勝３敗で推移しました。例外ケースでは、当然負けています。

さて、ここまでをまとめると21世紀に入ってからは、大納会の初値で日経平均をショートして、大納会の終値でクローズしてドテンでロング、大納会当日の売買は初値によって対応を変える戦略が有効でした。

大納会・大発会の初値・終値の一覧（2010-2018）

年	大納会			大発会			
	初値	終値	騰落率	初値	騰落率	終値	騰落率
2000-2001	13.899	13.785	-0.82%	13.898 +	0.82%	13.691	-1.49% ★
2001-2002	10.498	10.542	0.42%	10.631 +	0.84	10.871	2.26%
2002-2003	8.617	8.578	-0.45%	8.669 +	1.06	8.713	0.50%
2003-2004	10.617	10.676	0.56%	10.787 +	1.04	10.825	0.35%
2004-2005	11.462	11.488	0.23%	11.458 −	-0.27	11.517	0.52% ★
2005-2006	16.412	16.111	-1.84%	16.294 +	1.14	16.361	0.41%
2006-2007	17.228	17.225	-0.02%	17.322 +	0.56	17.353	0.18%
2007-2008	15.413	15.307	-0.69%	15.155 −	-0.99	14.691	-3.06%
2008-2009	8.716	8.859	1.64%	8.991 +	1.49	9.043	0.58%
2009-2010	10.707	10.546	-1.50%	10.609 +	0.60	10.654	0.43%
2010-2011	10.303	10.228	-0.72%	10.352 +	1.21	10.398	0.44%
2011-2012	8.434	8.455	0.24%	8.549 +	1.11	8.560	0.12%
2012-2013	10.406	10.395	-0.11%	10.604 +	2.01	10.688	0.79%
2013-2014	16.269	16.291	0.14%	16.147 −	-0.88	15.908	-1.48%
2014-2015	17.702	17.450	-1.42%	17.325 −	-0.72	17.408	0.48% ★
2015-2016	19.070	19.033	-0.19%	18.818 −	-1.13	18.450	-1.95%
2016-2017	18.997	19.114	0.61%	19.298 +	0.96	19.594	1.53%
2017-2018	22.831	22.764	-0.29%	23.073 +	1.36	23.506	1.87%
合計			-4.20%		10.20%		2.48%
平均			-0.23%		0.57%		0.14%

大発会における上昇時ロング＆下落時ショート戦略の推移

年	上昇時ロング	下落時ショート	合計リターン
2000-2001	-1.49%		-1.49% ★
2001-2002	2.26%		2.26%
2002-2003	0.50%		0.50%
2003-2004	0.35%		0.35%
2004-2005		-0.52%	-0.52% ★
2005-2006	0.41%		0.41%
2006-2007	0.18%		0.18%
2007-2008		3.16%	3.16%
2008-2009	0.58%		0.58%
2009-2010	0.43%		0.43%
2010-2011	0.44%		0.44%
2011-2012	0.12%		0.12%
2012-2013	0.79%		0.79%
2013-2014		1.50%	1.50%
2014-2015		-0.48%	-0.48% ★
2015-2016		1.99%	1.99%
2016-2017	1.53%		1.53%
2017-2018	1.87%		1.87%
合計	**7.98%**	**5.66%**	**13.64%**
平均	**0.61%**	**1.13%**	**0.76%**

【大納会・大発会の戦略まとめ】

●大納会の戦略

・初値で日経平均をショート
　↓終値でクローズして、ドテンでロング

●大発会の戦略

・大発会の初値∨大納会の終値
　↓大引け（最終売買）にクローズ

・大発会の初値∧大納会の終値
　↓寄りでクローズして、ドテンで日経平均をショートして、大引けに手仕舞う

こうした場合は、２０００年末‐２００１年始から、２０１７年末‐２０１８年始の18年間では、17勝1敗とほとんどの年でリターンを獲得できました。大納会でショートしていたリターンが、大発会での3敗のうち2敗はカバーできたカタチです。単純な合計で＋28・04％、平均で＋１・56％となり、仮にこの売買だけを行ったと仮定した場合の資産推移はＰ38のとおりです。

大発会・大納会というイベントに着目して期待値が高い手法に基づいてトレードすることで、手堅いリターンを獲得できた事例となります。

「大納会・大発会」投資を行ったときの資産推移

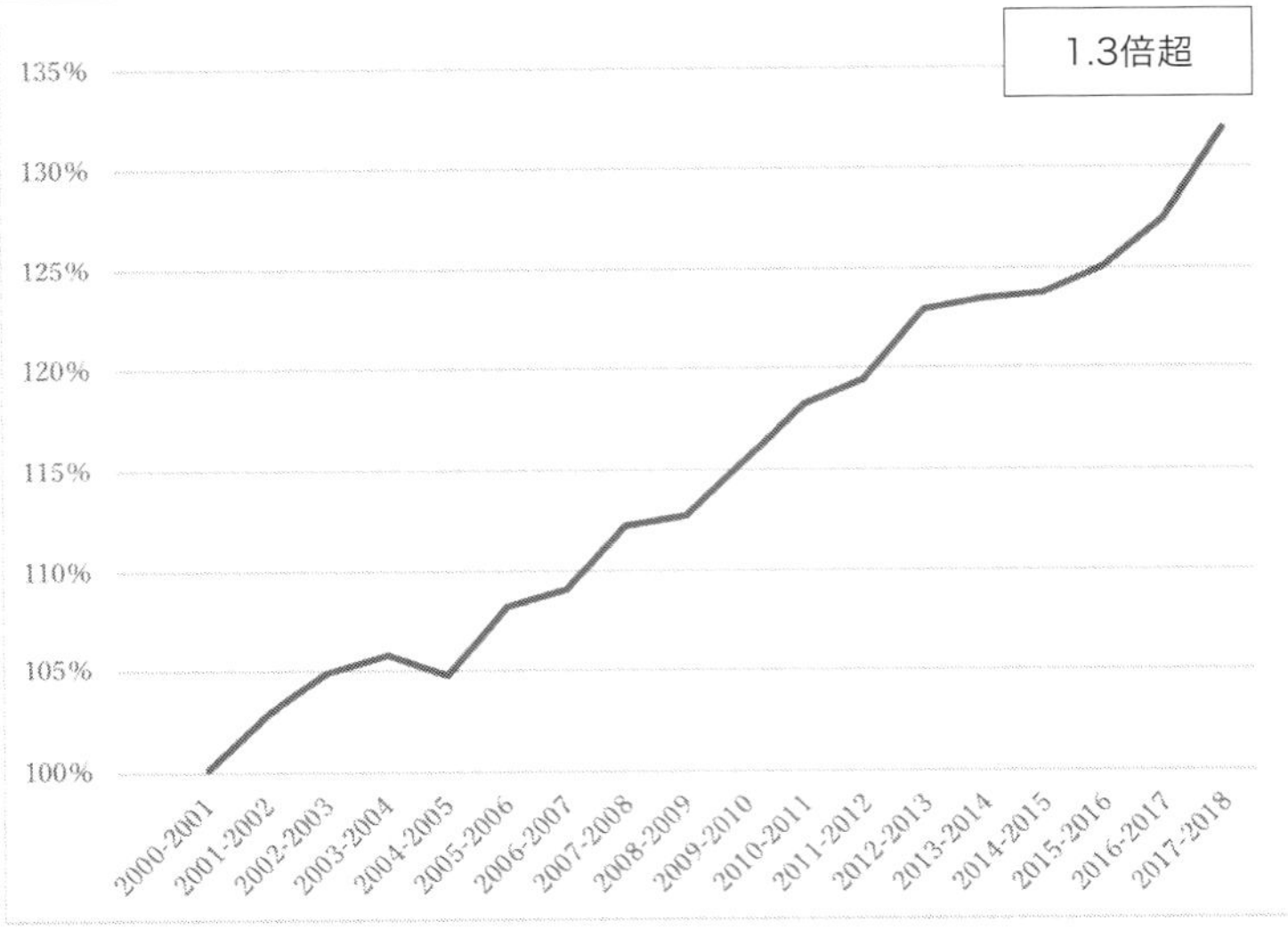

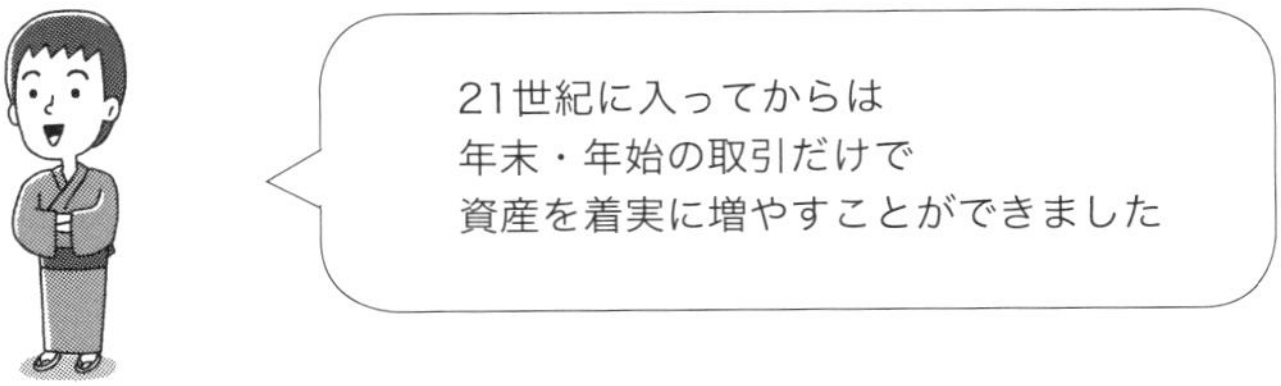

「業績上方修正」の常連銘柄でTOPIXをサクッと超える

他にも「業績情報修正」のイベント投資を紹介しましょう。一般論として日本企業は慎重な業績予想を出す傾向があると言われています。下方修正に追い込まれるリスクを避けるためと解釈することも可能で、生真面目で手堅い日本らしいとも形容できます。

下方修正だと株主総会でブーブー言われそうだしねw

したがって、１年度の半分が経過した中間決算の発表時、もしくは下期に突入してから、業績予想を引き上げるという展開はよくあります。純利益の連続上方修正の常連銘柄の筆頭は東映（９６０５）です。東映のような映画やゲーム関連ビジネス・コンテンツ産業は、ヒット作が出るか否かで業績が大きくブレることもあり、東映は非常に控えめな業績予想を出す傾向にあります。

２０１２年以降は毎年上方修正を発表しており、結果的にはＴＯＰＩＸを上回るリターンとなっている時期が多いです（次ページ）。ここでは詳しくは紹介しませんが、このように、**業績の上方修正の常連銘柄に着目**して投資するのも１つの手です。

東映のリターンとTOPIXリターンの比較

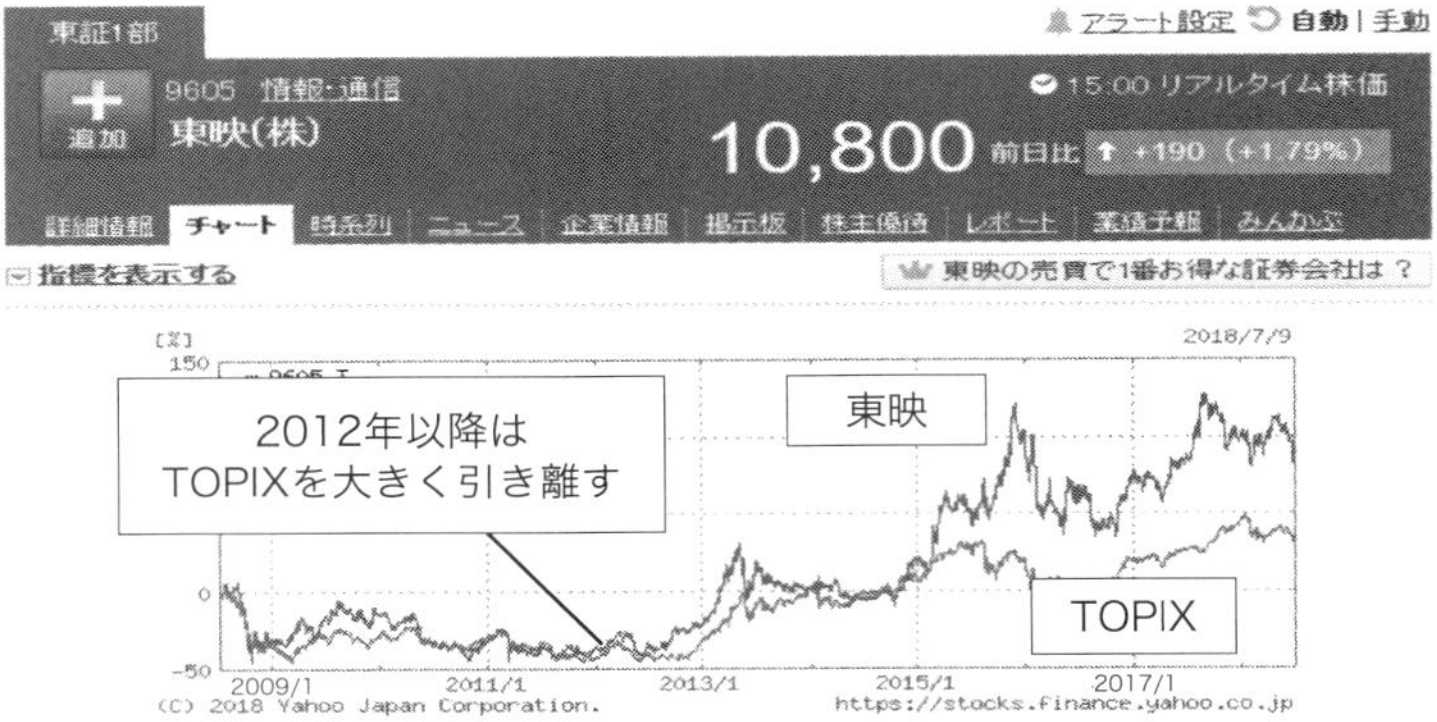

東映は2012年以降、
毎年「上方修正」を発表している
上方修正の常連銘柄です。
こういった企業に着目&分析して、
投資するのも「イベント投資」の１つです

株価なんて予測できなくても投資で勝てる！

ごく一部の超人を除くと、将来の株価予測は困難を極めるというのが一般的です。株式市場に参加している投資家は、世の中に流布しているあらゆる情報を正確に把握して、新たな情報が出たら瞬時に織り込んで正しい判断を下せるわけではありません。市場参加者の大部分は「効率的市場仮説」（P150〜151）で定義されている合理的経済人とはほど遠い状況にあると思います。まつ子ちゃんはたしか、「伊藤園」の株を持ってたよね？

どうして？

「お〜い、お茶」が好きだから

と、こんな具合で、あらゆる情報を瞬時に把握して、正確に意識決定できる主体はあまりいません。

無数にある市場に影響を及ぼすファクターの中で、自分の考えと親和的な一部の材料で意思決定を行う方が大多数です。考え方、手法は千差万別であり、多種多様な投資主体が参加して形成されているのが株式市場です。

大口から小口個人まで多様な市場参加者が、異なるリスク許容度、異なる保有情報、異なる売買ルール、異なる資金、異なるメンタルに基づいて、多様な角度から判断して市場で売買しています。

投資家の立場、スキル、資金はさまざまよね

毎日数多く勃発する出来事や業績変化に対して、どのように対応するのかもそれぞれで異なります。そうした無数の意思決定の集合体が株式市場であり、長期的には株価は業績に収斂されるとはいえ、短期的には需給バランスで揺れ動きます。

幾多の情報を正確に把握して株価の行く末を正確に見極めるのは困難を極めます。しかし、株価を予測できるか否かとトレードで成功するか否かは必ずしも直結していません。

イベント投資家、システムトレーダーは**ランダムに見える株式市場の中で期待値の高い売買行動を発見して、勝率が高い取引を行うことで収益を獲得**しています。イベント投資家は最終的な発注は裁量で実施して、システムトレーダーは発注までも自動的に行う点が異なります。

まつ子ちゃんは、今言ったこと理解できました？

うーんと、3割くらいは…

まあ、ここは私なりにイベント投資の有効性を理論的に述べた箇所なので、理解しなくてもイベント投資はできます。まあ、まつ子ちゃんの反応は寂しいですけど。

さて、この章では、いくつかのイベント投資をまとめてご紹介しました。

このように特定の出来事ないしイベントに着目して過去の株価変動を分析したり、よく提唱されているアノマリーが実際どうなのかと掘り下げて分析することで、勝率が高いイベント・期待値が高いシーンを増やすことが可能になり、**多様な局面で勝てる**ようになります。

本書で紹介しているノウハウ以外のイベントを見つけたい人は、ぜひ、この点を念頭において、挑戦してみてください。

始値・終値とは

「始値」「終値」は、ローソク足を見るとイメージをつかみやすいでしょう。ローソク足ひとつで、株価が「上がったか、下がったか」のほかに4本値（始値《はじめね》・高値《たかね》・安《やす》値《ね》・終値《おわりね》）もわかります。株価が「上がったとき」のそれを「陽線」といい白ヌキで表し、「下がったとき」のそれを「陰線」といい黒ヌリで表します。1日の最初の取引でついた値段を「始値」、最後の取引でついた値段を「終値」とよびます。

始値と終値は陽線と陰線で、位置が逆転するのに注意しましょう。

○株価が上がったとき

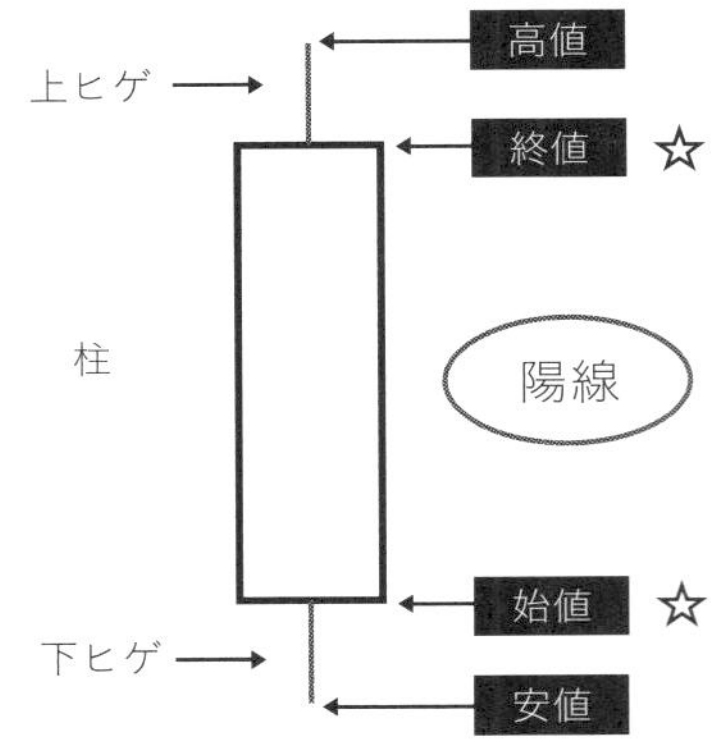

●株価が下がったとき

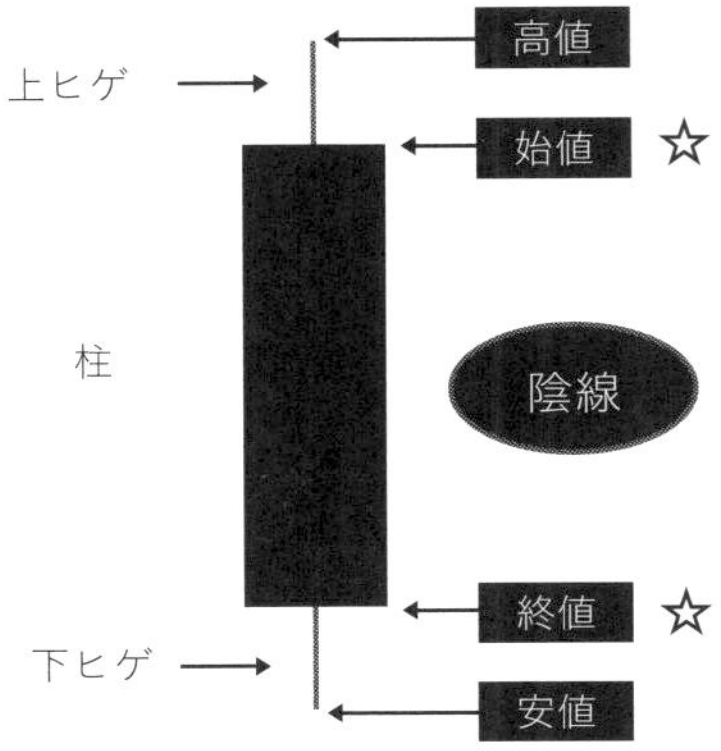

第2章

依然として有効！
「東証一部昇格」狙いの中期投資

上場サインを読んで「先回り」せよ！

経済規模が大きい国は、同じ国の中に複数の株式市場が存在していることが多いです。米国ではニューヨーク証券取引所、ＮＡＳＤＡＱ、ＮＹＳＥ Ａｒｃａ、ＮＹＳＥ ＭＫＴなどの株式市場があります。

日本では東京証券取引所（東証一部・二部・ＪＡＳＤＡＱ・マザーズ等）、名古屋証券取引所（名証一部・二部・セントレックス）、札幌証券取引所（札証・アンビシャス）、福岡証券取引所（福証・Ｑ-Ｂｏａｒｄ）があります。

マザーズくらいまでは知ってるけど、札幌や福岡にもあったのね

とある市場に一度上場したら、ずっとその市場で上場しなければならないというルールはありません。時として別の市場にも重複上場することや、市場変更を行うことがあります。

たとえば、東証二部から一部へ、東証マザーズやＪＡＳＤＡＱ、名証、札証、福証から東証二部や一部に変更されることがあります。

J2からJ1に昇格するようなものね

それに伴って**市場が変化した銘柄に膨大な買い需要が発生して、大きく株価が上昇**することがあります。逆に大きく下落することもあります。

需要が発生するのはなぜかしら?

年金基金、保険会社、投資信託、信託銀行、投資顧問会社などの機関投資家は、一定の厳格なルールに基づいて資金を運用していることが大多数だからです。そのルールの中に「東証一部上場企業であること」や「時価総額○億円以上」といった条件が入っていることが多々あります。

中小型株というのは流動性に難があることが多いことから、多額の資金を運用している場合は、資金量が大きいと自分の売りで株価が暴落してしまい、少し悪材料が出ただけで売るに売れなくなるといったリスクが有るので、こうした事態を回避するためにあります。

また、東証一部というのは日本の株式市場の頂点であり、「東証一部上場企業」というのは高い信頼性・ブランド力があり、社会的・経済的な信用力がUPして、投資したいと思う投資主体の増加も期待できます。

したがって、東証一部に上場する銘柄は膨大な買いが入ってくる可能性が高く、発表された翌日は売出し（ＰＯ）【企業が新たに株式を発行したり、既に発行されている株式を投資家に取得させようと投資家に募ること】や立会外分売《たちあいがいぶんばい》（企業や大株主が証券取引所の取引時間外に株をディスカウント価格で売りに出すこと）とセットでない限り、大きく株価が上昇することが多いのです。

下がることもあるけど、基本は上がるわけね

東証一部上場の要件というのは公開されており、東証一部上場を目指している企業がそれを充足するために取る行動というのもパターン化されています。そうした点に着目して、東証一部への昇格期待がある銘柄を事前に買っておき、発表後に売るという投資手法があります。

上場サインを読んで先回りをするってことね

東証一部の上場企業数は17年で約2倍！

日本の株式市場の頂点である東証一部に上場する企業は増加の一途を辿っています。１９９０年末には１１９１社、２０００年末は１４４７社、２０１０年末は１６７０社、２０１７年末は２０６２社が上場しています（P50）。

意外！ 日本経済と一緒で横ばいのイメージだった！

東証二部、マザーズ、ジャスダック、地方市場から東証一部に昇格する企業や東証一部に新規上場する企業が増加しています。

今後も日本全国での経済活動の結果として、トレンドが続く可能性が高いでしょう。やはり上場企業というのは成長意欲がある会社が大多数なので、できれば東証一部を目指したいという会社が多いです。

日本経済の着実な発展に伴って企業の利益も確実に増加していき、それによって東証一部の要件をクリアする企業が増えることが見込めます。**今後も対象企業は山のようにあり、東証一部昇格というイベントを活用して超過収益を狙うことが可能**です。

東証一部に上場する企業は増加の一途

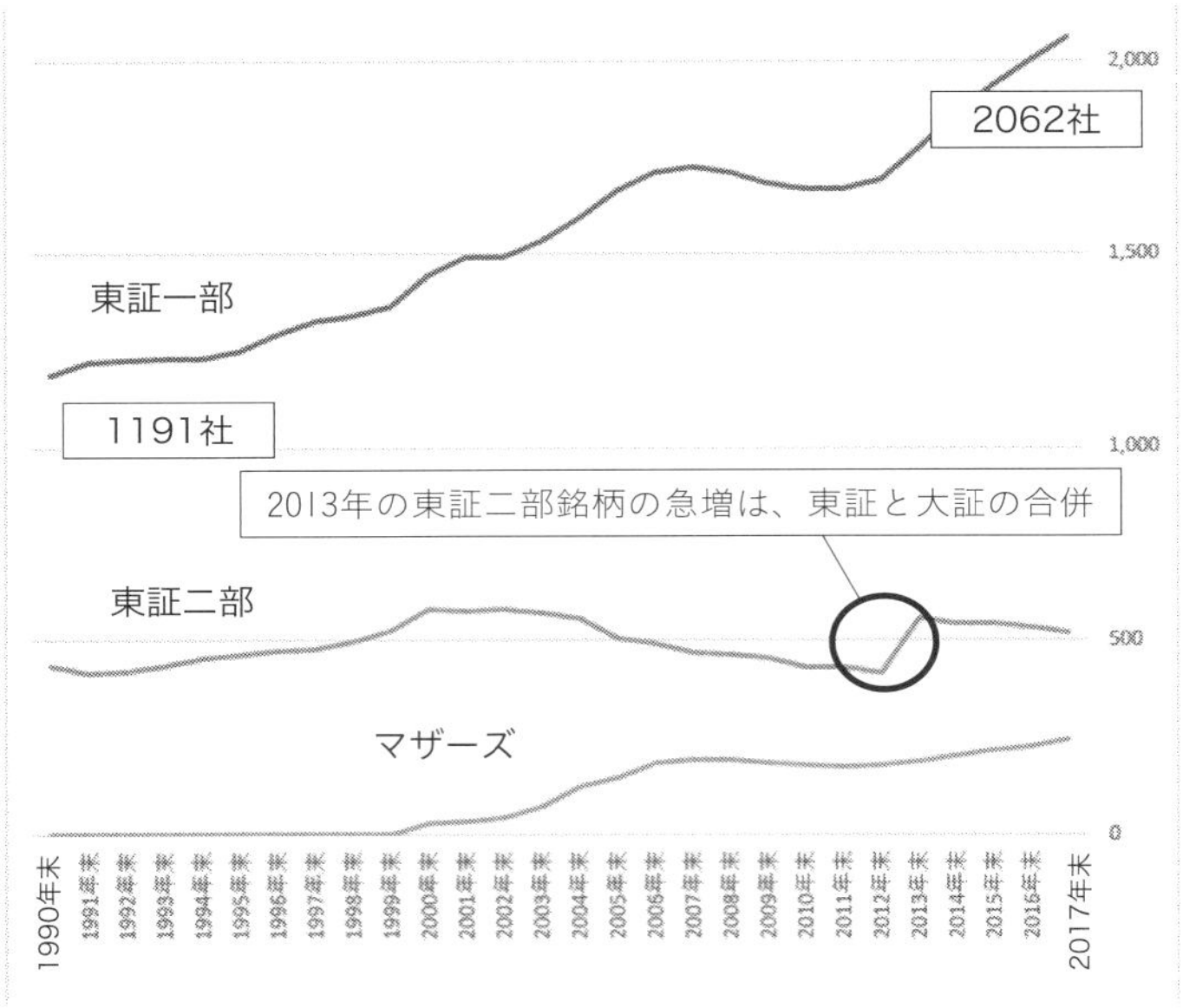

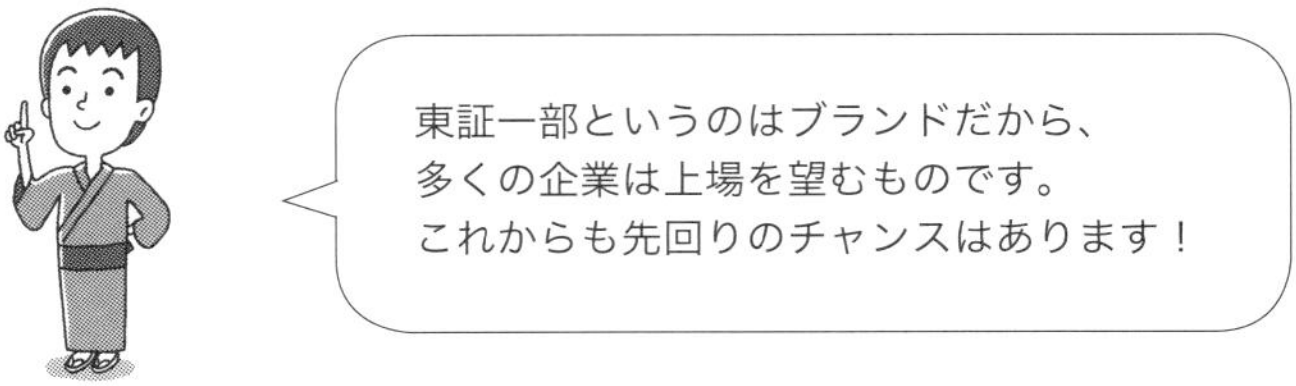

東証一部に昇格するための5つの基準

東証一部に昇格するためには、東京証券取引所が定めている複数の条件をクリアした上で、企業が東証に申請して承認される必要があります。

東証一部指定基準、市場変更基準（マザーズから・JASDAQから）は東証が公表しています。※一部指定・指定替え・市場変更基準のURL（https://www.jpx.co.jp/equities/listing/criteria/transfers/）

また、東証マザーズや東証二部に上場してから1年間経つと、市場変更の可能性があります。「1年ルール」と呼ばれています。

さらに、東証マザーズに上場してから10年を経過した場合、東証一部か二部に昇格するのが基本となる市場選択制度が導入されています。「10年ルール」と呼ばれています（https://www.jpx.co.jp/equities/listing/criteria/mothers/index.html）。

JASDAQから市場第一部への市場変更については、市場変更日時点において上場後6か月以上が経過していることが条件となっています。

東証一部の市場変更基準には、主に次のような基準があります。

【東証一部昇格のための5つの基準】

1　株主数（指定時見込み）：2200人以上（会社四季報やIRへの問い合わせで確認）

2　流通株式（指定時見込み）：2万単位以上（有価証券報告書や会社四季報などのデータから類推）

3　時価総額（指定時見込み）：40億円以上（JASDAQからは時価総額250億円以上）（ヤフーファイナンスやネット証券の画面などで確認可能）

4　経常利益・時価総額：最近2年間の経常利益5億円以上 or 時価総額が500億円以上（会社四季報で確認可能）

5　その他：最近5年間の有価証券報告書に虚偽記載がない等のコンプラ系基準、昇格の意思があるか否か（企業のIR・ニュース・中期経営計画などで確認可能）

うー、用語と数字ばっかでイヤんなるわ

このうち、1、3、4、5は事前に調査可能です。2はリアルタイムでチェックするのは難しいものの、有価証券報告書や会社四季報などのデータから類推することも可能です。

これは厳格な基準があるわけではなく、2万単位に満たない場合等でも見込みで昇格するケースがあります。

基準はわかったけど、もっと簡単なサインとかないのかしら？

そのポイントは次項から教えます。あわてなさんな。

ちなみに、前述の東証一部の上場基準を満たしたら、自動的に東証一部に昇格するわけではありません。その企業が東証一部に上場する意思決定をしなければ、東証一部に指定されません。

形式的には東証一部の基準を充足していても、企業に意欲がないことから、万年東証二部という銘柄もあります。

たとえば、帝国ホテル（９７０８）、広島電鉄（９０３３）、北陸ガス（９５３７）、中央魚類（８０３０）などは東証一部の条件を長らく充足していますけれども、ずっと東証二部のままとなっています。これらの企業はこれまで昇格の意思がなく、東証に申請をしてきませんでした。

昇格する銘柄を世界一カンタンに見つける4つのポイント

東証一部へ昇格すると多くの機関投資家の買い対象となり、かつ企業の信用力の向上などの効果でより一層の業績UPの期待が増幅することから、東証一部昇格が発表されたら翌日は株価が大きく上昇することが多くなる、という話をこれまでしました。

下がるときは何でだっけ？

例外的に株価が上昇しないケースとしては、昇格と同時に株価に大きな悪影響を及ぼす売出しや立会外分売を発表した場合でしたね。こうしたケースでは東証一部昇格のプラスを、短期的な需給悪化が打ち消してしまい、トータルで下落することもあります。

しかし基本的には、東証一部に昇格する銘柄を、上場承認の発表前に保有していると、発表後に売却することで利益を獲得できる可能性が高いです。

だから「先回り」が大事なのね

見つけ方のポイントは、東証二部からの1年ルール、地方市場から東証二部への市場変更、株主数や流動性増加のアクションなどが挙げられます。

①東証二部・マザーズ上場からの1年ルール

東証二部やマザーズに上場から1年間経過すると、市場変更できるようになって東証一部に昇格する例が多いです。

東証二部・マザーズに新規上場した企業は上場の1年後、地方市場やJASDAQから東証二部に市場変更した銘柄は、そこから1年後に東証一部へ昇格できるので、そのような銘柄をピックアップするのがポイントとなります。

確認の方法としては日々、TDnet（適時開示情報閲覧サービス）で確認するのが基本となります（https://www.release.tdnet.info/inbs/I_main_00.html）。

全ての開示情報を一つ一つチェックして確認する手間を省きたい場合は、キーワード検索欄に「東京証券取引所」などのワードを打ち込んで探しましょう（次ページ）。

②地方市場（名証、札証、福証）→東証二部や、JASDAQ→東証二部と市場変更

こういった銘柄は、その後に東証一部に昇格することが多いので、要チェックの銘柄となります。これらの銘柄の中で、東証一部昇格の要件を満たしている、あるいは株主数・流動性が増えたら満たす場合で、業績面もわるくない企業は投資候補となります。

TDnet（適時開示情報閲覧サービス）画面

TDnet 適時開示情報閲覧サービス
Company Announcements Disclosure Service

開示情報検索 検索期間 2018/06/21(木) ~ 2018/06/29(金) キーワード検索 東京証券取引所

27件 の結果が見つかりました。

時刻	コード	会社名	表題	XBRL	上場取引所
2018/06/29 18:00	60940	M－フリークアウト	東京証券取引所本則市場への市場変更申請に関するお知らせ		東
2018/06/29 16:15	31680	黒谷	東京証券取引所市場第一部への指定承認に関するお知らせ		東
2018/06/29 15:30	34800	ジェイ・エス・ビー	東京証券取引所市場第一部指定承認に関するお知らせ		東
2018/06/29 08:00	70300	スプリックス	東京証券取引所市場第一部への上場に伴う当社決算情報等のお知らせ		東
2018/06/28 12:00	34690	デュアルタップ	東京証券取引所市場第二部への市場変更に関するお知らせ		東
2018/06/28 09:00	38540	アイル	東京証券取引所市場第二部への市場変更に関するお知らせ		東
2018/06/28 09:00	39920	ニーズウェル	東京証券取引所市場第二部への市場変更に関するお知らせ		東
2018/06/27 09:00	36790	じげん	東京証券取引所市場第一部への上場市場変更に関するお知らせ		東
2018/06/27 09:00	48470	ＩＷＩ	東京証券取引所市場第二部への市場変更に関するお知らせ		東
2018/06/27 08:00	43880	M－エーアイ	東京証券取引所マザーズへの上場に伴う当社決算情報等のお知らせ		東

東証二部やマザーズの上場から
１年が経過すると、一部に市場変更できる
のが「１年ルール」と呼ばれるものです

私みたいなメンドくさがりは、
TDnetで、「東京証券取引所」などと
キーワード検索するとラクなのね

③株主優待の新設・拡充

東証一部へ昇格条件のうち、業績などは満たしているものの、株主数や流動性の基準はクリアしていない銘柄があります。

株主数や流動性を増やすための施策として、株主優待を新設あるいは拡充する企業や、立会外分売を行う企業があります。それらを組み合わせる企業もあります。

株主優待は絶大な人気があり、株主優待銘柄を購入する個人投資家は数多いことから、魅力的な優待を用意すると、株主数が一気に増加する可能性が高いです。

他のすべての東証一部の条件を満たしているものの、株主数のみ満たしてなくて、ＪＡＳＤＡＱから東証二部に市場変更して株主優待を導入した場合は、東証一部昇格を狙っている可能性が高まります。

④売出・立会外分売、株式分割

立会外分売は大株主が証券取引所の取引時間外に、終値から数％ディスカウントした価格で保有株式を不特定多数の投資家に売却するディールです。個人投資家もネット証券で参加できます。これも株主を増やすための特効薬です。

また、「2万単位以上」という流通株式等の条件をクリアするために、株式分割を行う企業もあります。このような流動性を高めるアクションも、東証一部昇格狙いのシグナル察知として有用です。

株主数や流動性以外の東証一部昇格要件を充足している銘柄が、ＪＡＳＤＡＱや地方市場から東証二部に市場変更して、株主優待を新設して、立会外分売や株式分割を行った場合などは、投資妙味が高いと判断できます。

もちろん東証一部昇格期待があったとしても、業績悪化などがあった場合は、株価は軟調に推移します。東証一部昇格狙いでの投資は中期投資になるので、ファンダメンタルズに問題ないか会社四季報、ネット証券のツール、月次の情報を確認できる企業はその情報などをチェックしましょう。

ええっと、まとめるとどうなるのかしら?

つまり、上場市場を登りつめようとしていて、「株主数」や「時価総額」を増やそうとしている企業に注目せよ！ ということです。

東証一部昇格を狙っていて株主数が足りない場合、立会外分売や売出しで大株主の株を個人投資家に幅広く売って、増加を目論むことがあります。また、株主優待の新設や拡充によって、株主数と時価総額を増やそうとする企業があります。

新興市場→東証二部に昇格、立会外分売や売出しで株主数や流動性の増加、時価総額上昇や株主数狙いで株主優待新設・拡充といった事象を立て続けに連発している企業は、東証一部昇格狙いとして面白いです。

なお、東証一部昇格狙いの投資手法については、著名個人投資家のｖ-ｃｏｍ２さんの「昇格期待の優待バリュー株で１億稼ぐ！」（すばる舎）という書籍も参考になります。

また、深いルールまで把握する上では、東京証券取引所が発行している「新規上場ガイドブック」が参考になります。（※ https://www.jpx.co.jp/equities/listing - on - tse/new/guide/index.html）

都落ち寸前の銘柄が土俵際で粘る施策を狙い撃つ！

企業は一度東証一部に昇格したら、未来永劫その地位を維持できる訳ではありません。一定の条件を満たせなくなったら、東証二部に降格することもあります。有名企業ではシャープや東芝も一度、東証二部に降格しました。

一例として、株式会社東京証券取引所有価証券上場規程第３１１条第１項第１号に定め

る株主数（事業年度末日おいて２０００人）をクリアできなかった場合、有価証券上場規程施行規則第３１１条第1項第1号　ａ　の規定に基づき、「審査対象事業年度の末日の翌日から起算して1年を経過する日までの期間内において株主数が２０００人以上とならないときは市場第二部銘柄への指定替えとなる」猶予期間に入ります。

この指定替え猶予期間は1年間です。たとえば3月末決算企業の場合は4月１日～翌年の3月31日迄となります。

この期間中に株主数が２０００人を超えた場合は、猶予期間入りから解除されてこれまで通り東証一部に上場し続けることが可能になります。

こうなった場合、手っ取り早い株主数の増加策は株主優待の導入ですので、株主優待の導入の可能性に着目することも可能です。

猶予期間中に土俵際で手を打つのね

一例としてＭＯＲＥＳＣＯ（５０１８）という銘柄は、２０１４年6月10日に株式の市場第一部指定替え猶予期間（株主数）入りとなり、**1ヶ月後の7月10日に株主優待を新設**しました。1単元（１００株）以上の株主に対して年2回クオカード１０００円（年２０００円）という個人投資家好みの優待内容でした。

市場第二部への指定替え猶予期間（株主数）入りした場合は、それを嫌気した売りが出ることが多く、一時的に株価が下落する傾向にあります。投資対象は東証一部銘柄のみというルールで運用している大口投資家は、市場第二部への指定替え猶予期間（株主数）入りした銘柄は機械的に売るというルールを設けている場合もある、と言われています。

こうした投資家からの売りが入りやすく、猶予期間に入った後は短期的に株価が下落することが多いです。

しかし、**調整一巡後に人気が出る内容の株主優待が新設された場合は、株価には好影響**となります。ＭＯＲＥＳＣＯの場合は優待新設後に長い上昇トレンドとなり、一本調子で株価が上がり続けました（次ページ）。私自身、クオカード優待と配当を受け取って、さらにキャピタルゲインも獲得できました。

でも、たいていは一時しのぎに終わりそうだけど

もちろんこの場合は不確定要素が多く、株主優待の新設ではなく立会外分売など株価に悪影響の施策が講じられる可能性もあるので、業績などのファンダメンタルズ、株価が割高でないかのバリエーションの確認も重要になります。

２０１８年８月には同様に株主数不足で市場第二部への指定替え猶予期間入りしていた「やまや」（９９９４）が、自社店舗で利用できる優待券３０００円分の株主優待を導入して、株価が大きく上昇しました。

MORESCOの優待新設施策は大当たりした

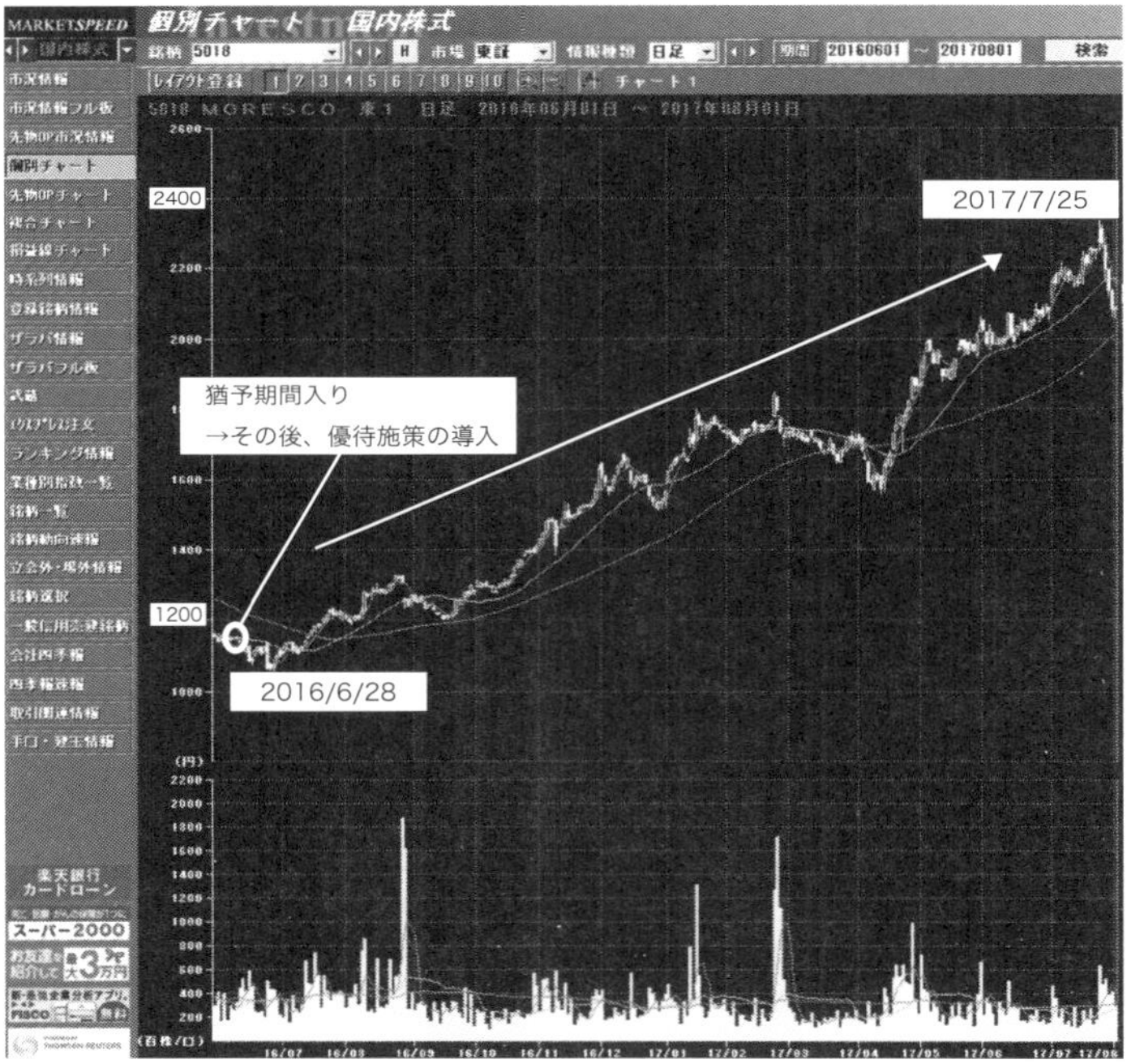

※楽天証券マーケットスピードより

猶予期間中のクオカード施策は大当たり！
MORESCOは上昇トレンドに入りました

猶予期間入り後しばらくは東証二部降格の可能性を懸念する売りが出て下落して、途中で下げ止まり、優待導入によって大きく反発するのがパターンとなっています。

あ、下げ止まりを買いで狙うのね

そうです。計画的なピラミッティングも選択肢の一つです。

ピラミッティングはP171~173で詳しく紹介してます

やまやは以前に株主優待を実施していたこともあり、その時には株主数が余裕で東証一部に必要な人数をクリアしており、経営陣も十分にその効果を認識しています。この時やまやは株主優待を新設する可能性があると考えて、下げ止まった8月10日に株式を購入しました。結果、２０１８年8月21日に株主優待の導入が決まり、予想はドンピシャで的中、株価は大きく反発しました。

ただし、市場全体の地合いが悪かったことと、板が薄くてスカスカだったことから、この時はまとまった金額を購入できず４００株にとどめていました。もう少し腰を入れた買いを入れるべきだったと反省しています。

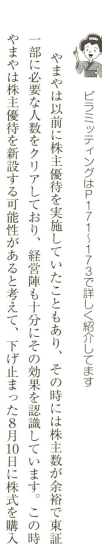

嫌気売り→優待新設の反発を狙う

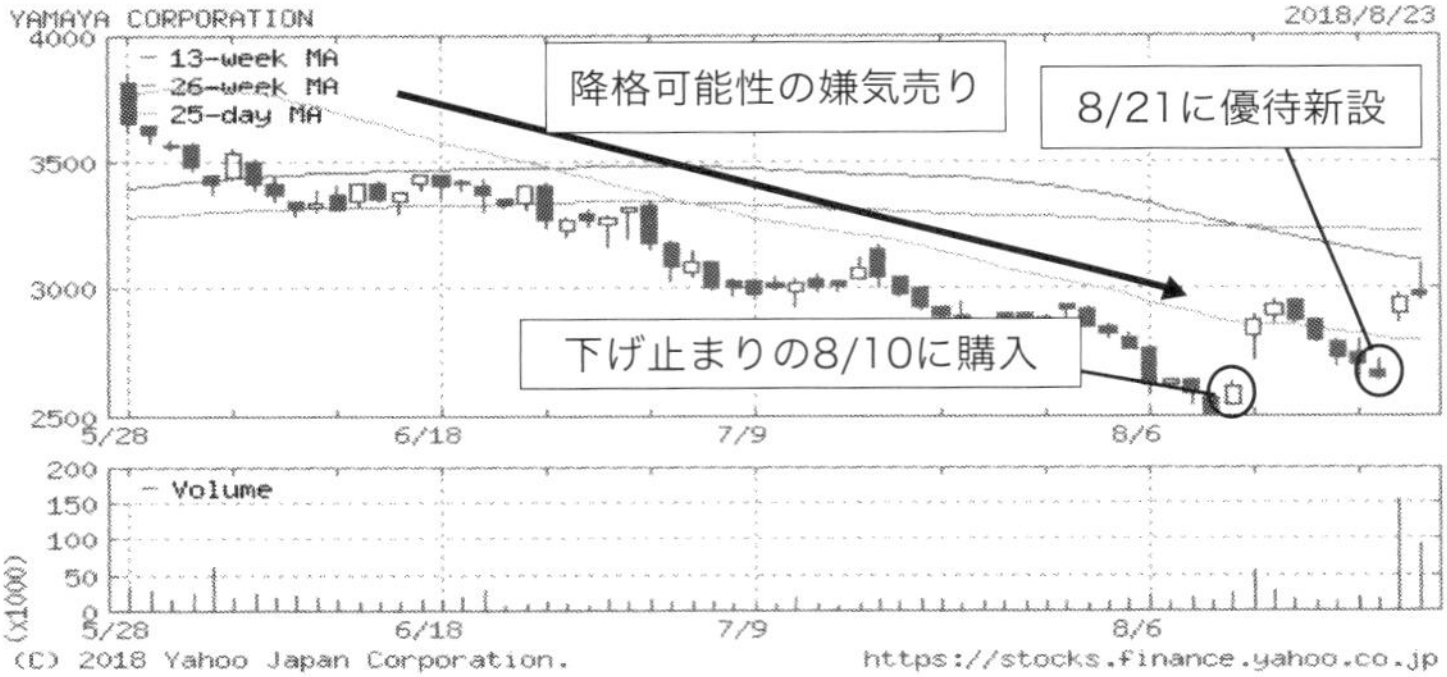

※「やまや」株価チャート

以前の優待実施で、東証一部の昇格人数を余裕でクリアした「やまや」。今回も、優待が新設されると予想しました

昇格銘柄の知識インプットがあると、猶予期間中の行動もある程度予想がつきやすくなっていくのね～

第3章

ほぼ必勝！
「株主優待先回り」で絶対リターン

初心者でも3分でわかる「株主優待」入門

株主優待とは、企業に投資している株主に対して、出資の見返りとして企業が自社企業の店舗で使える優待券、クオカードや図書カードNEXT等の金券、食べ物、カタログギフト等をプレゼントすることです。

株主に対する企業からの「おまけ」みたいなものね

株式投資のリターンは、基本的には株価の値上がりによるキャピタルゲイン、配当（インカムゲイン）の2種類です。ただし、日本では長らく株主優待の文化が存在しており、株主に対する御礼として株主優待を実施している企業が数多くあります。配当、株価に好影響を及ぼす自社株買い以外にも優待を導入して株主に還元する企業があります。

大和インベスター・リレーションズ株式会社の『株主優待ガイド　２０１８年版』のデータでは、上場企業数（全市場）３７２３社中１３６８社が株主優待を実施しています。前年比で61社増加しており、全上場企業数に対する優待実施率は36・7％となっています。３社に１社を超える企業が優待制度を導入しています。

近年では東証一部の要件に株主数や流動性などがあることから、株主優待を行うことで個人株主の数を増やして、また株式の売買を活性化させることで、東証一部の条件をクリアする企業も増加しています。

おまけだからって、侮れないわけね

テレビ、雑誌、Ｗｅｂメディア等で株主優待の特集が開催されることが増えています。優待投資家として将棋棋士の桐谷広人さんが著名になり、幾多のメディア出演やご講演をなさっています。

自転車かっとばしているお方ね

株主優待銘柄への分散投資は低リスクでかつ配当のように株主優待というインカムゲインを獲得できることから、初心者向けの投資手法であり、投資信託と並ぶ「投資の入り口」です。

いいわね優待って。私も1株だけ買おうかしら

残念ですがほとんどの銘柄で1株ではムリでしょう。株主優待は「権利確定日」に所定の株数を保有している株主に対して贈呈されます。権利確定日は企業によって異なり、3

月・6月・9月・12月に数が多くなっています。権利確定日に一定以上の株式を保有していると、概ね2～4ヶ月後に株主優待、もしくはその案内が送られてきます。

ちぇっ1株だけ買って、すぐ売り払おうと思ってたのに

人気の株主優待企業で勝率80～90％は当たり前

株主優待を導入している企業の草食系バイ＆ホールドだけではなく、株主優待に着目した株価の変動を利用した肉食系のイベント投資で手堅いリターンを獲得することが可能です。

人気が高い株主優待の権利確定日の前の数ヶ月間は、優待を取得しようとする個人投資家の買いが入る傾向にあります。特に出来高が少なくて流動性が低い銘柄は、素直な値動きになりやすくなっています。

イベント投資では、おまけ狙いではなく「値上がり」を狙うのね

日本の株式市場では株主優待の魅力で株式を購入する個人投資家がいるので、買いの特殊需給が発生しています。

優待の権利確定日に向けて上昇する傾向のある銘柄は、権利確定日が過ぎると大きく株価が下落することが多いです。権利確定日を過ぎると株式を買う人が激減するからです。

私みたいに「おまけ」が購入動機になる人もいっぱいなのねw

人気が高い株主優待を実施している企業の株価は、権利確定日に向けて数ヶ月前（2〜4ヶ月）から緩やかに上昇していく傾向があります。

このようなデータを活用して、株主優待を実施している企業の株式にスイング投資することで、値上がり益（キャピタルゲイン）の獲得も狙うことができます。特に以下のような銘柄は上がりやすくなっています。

・年1回の人気優待銘柄で非貸借銘柄
・年2回・貸借でも大人気優待銘柄
・東証二部や新興市場の小型株・出来高が小さい銘柄

マックスバリュ東海

株主優待先回りのイベントで勝率が高い銘柄は数多くあります。代表例を挙げると、マックスバリュ東海（８１９８）があります。

権利確定月は2月末の年1回で非貸借銘柄となっています。株主優待の内容は全国のイオン、マックスバリュ、マックスバリュエクスプレス、まいばすけっと、ザ・ビッグの直営売場で利用可能な優待券５０００円分です。全国津々浦々にあるイオングループの店舗でお得にお買い物できる株主優待で、絶大な人気を誇っています。

イオングループは日本中にあるから使い勝手がいいもんね

この企業に株主優待の権利確定日の4ヶ月前の10月末の終値（２００８年～２０１７年）で購入して、権利確定日の終値（２００９年2月～２０１８年2月）で売却したと仮定すると、勝率は8勝2敗で、平均騰落率は＋10・03％でした（Ｐ72上表）。

仮にこの売買だけを行っていたとしたら、10年間で資産は約2・5倍（２５２・３％）に増えていた算段となります（Ｐ73上表）。

えっ！　なら５０００円の優待券より全然いいじゃない！

アヲハタ

アヲハタ（２８３０）という銘柄があります。権利確定月は11月末（２０１５年までは10月末）で、株主優待の内容は自社製品（ジャム・パスタソース等）です。

この企業に２００８年～２０１７年に株主優待の権利確定日の２ヶ月前の終値で購入して、権利確定日の終値で売却したと仮定すると、勝率は９勝１敗で、平均騰落率は＋４・20％でした（Ｐ72下表）。

仮にこの売買だけを行っていたとしたら、10年間で資産は約１・５倍（１４９．１％）に増えていました（Ｐ73下表）。

マックスバリュ東海よりリターンは負けるけど、ジャムもらうよりステキ

なぜ、「株主優待先回り」は有名でも有効なのか

株主優待の人気銘柄（特に流動性が低い非貸借銘柄）のパフォーマンスが良いのは、知っている人が少ないわけではなく、公然の事実となっています。私はロング・ショートで優

マックスバリュ東海は勝率80％

購入年	4ヵ月前の末日終値	権利確定日の終値	騰落率
2008	1,235	1,225	-0.81%
2009	1,059	1,094	3.31%
2010	1,024	1,200	17.19%
2011	1,060	1,196	12.83%
2012	1,128	1,415	25.44%
2013	1,398	1,563	11.80%
2014	1,590	1,800	13.21%
2015	1,848	1,782	-3.57%
2016	1,864	1,952	4.72%
2017	2,237	2,598	16.14%
合計	8勝2敗		10.03%

アヲハタは勝率90％

購入年	2ヵ月前の末日終値	権利確定日の終値	騰落率
2008	1,504	1,545	2.73%
2009	1,436	1,508	5.01%
2010	1,429	1,434	0.35%
2011	1,370	1,415	3.28%
2012	1,420	1,438	1.27%
2013	1,527	1,730	13.29%
2014	1,779	1,874	5.34%
2015	2,652	2,570	-3.09%
2016	2,491	2,500	0.36%
2017	2,479	2,812	13.43%
合計	9勝1敗		4.20%

マックスバリュ東海に投資していた場合の資産累計

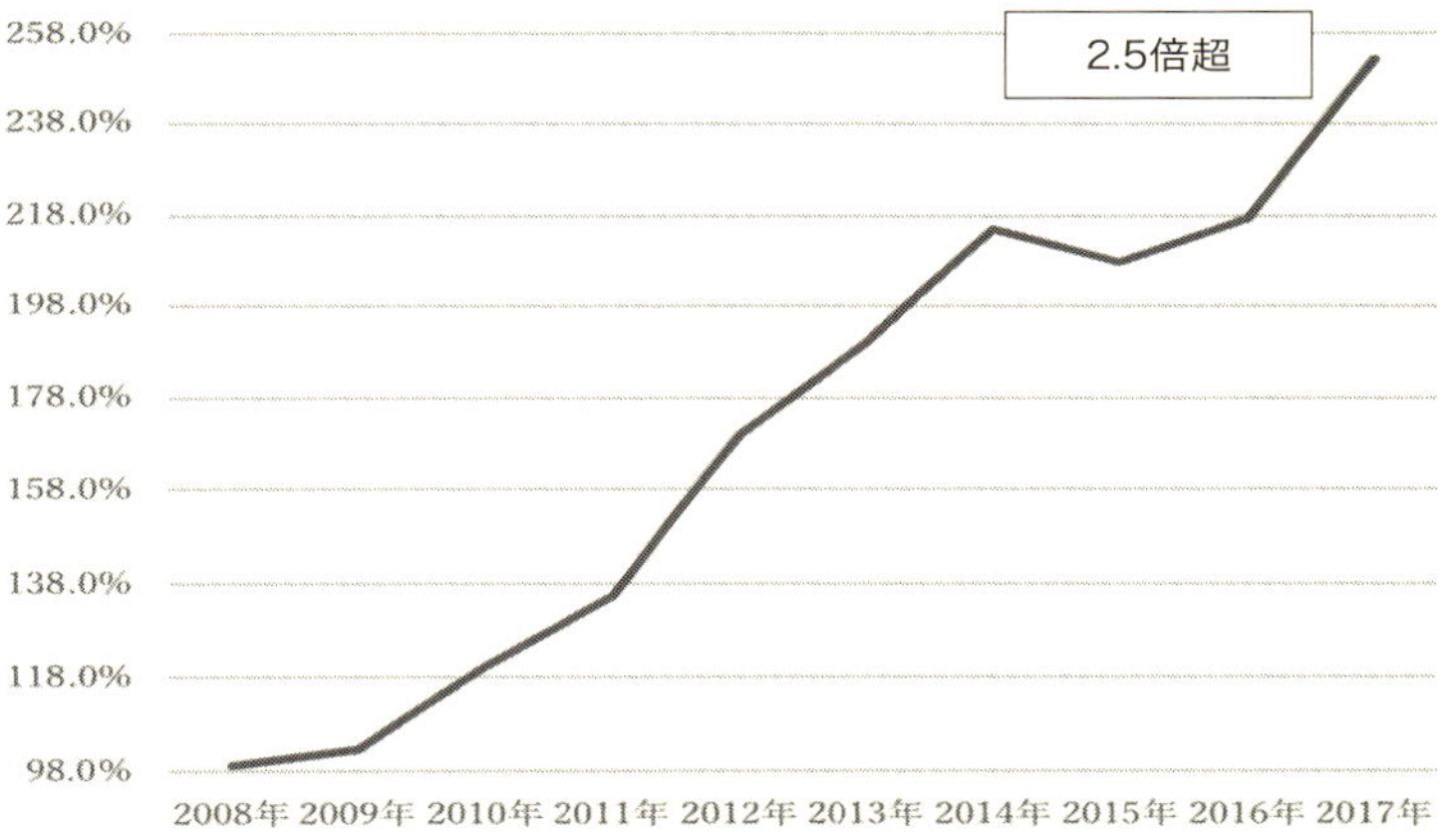

アヲハタに投資していたときの資産累計

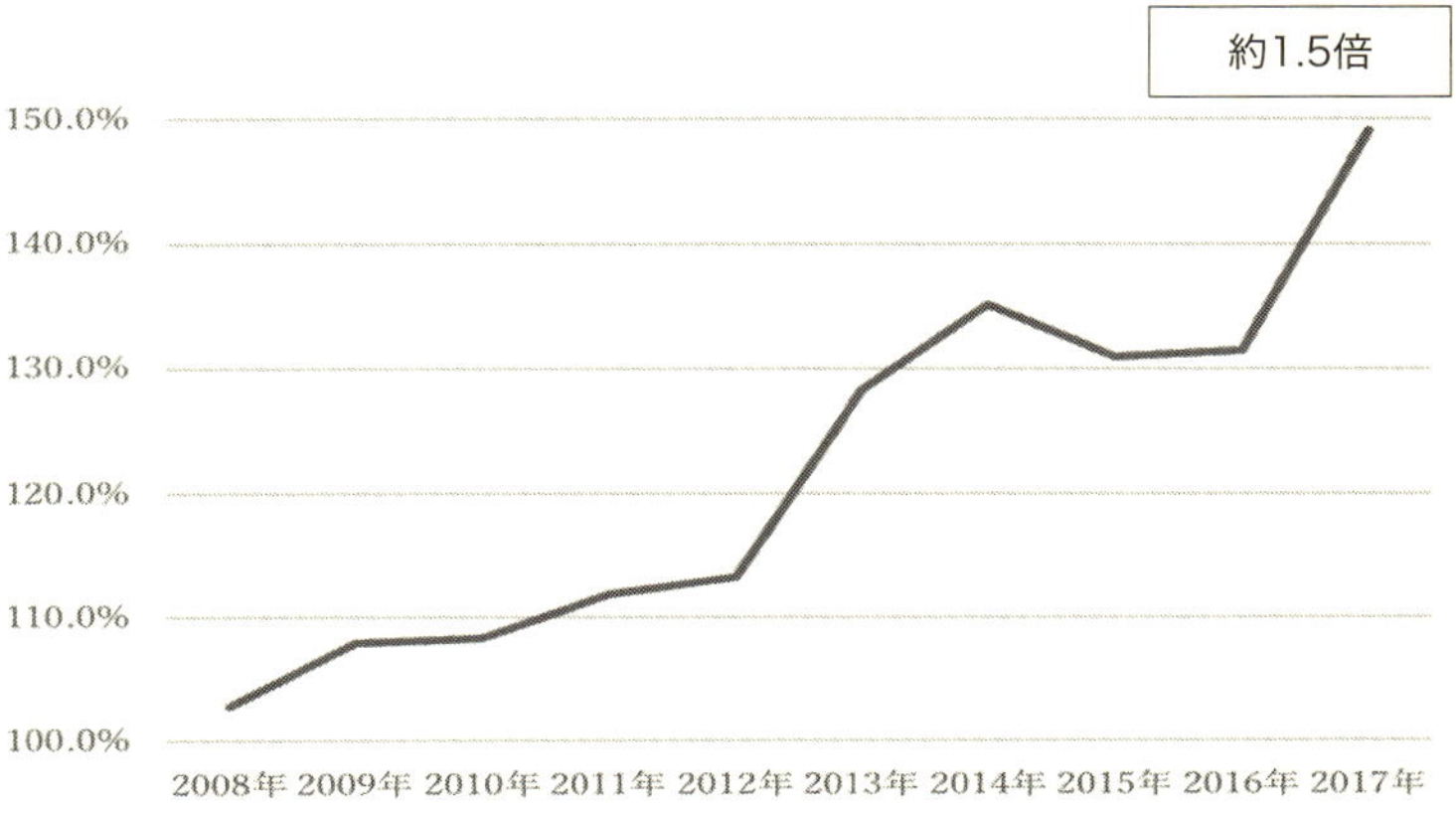

待銘柄を信用売りすると、損失が出ることが多いのに気づき、株主優待先回りの有効性を認識しました。

私も最初は「黄金の橋を見つけた」と高揚感に包まれましたが、少し調べると既に数多くの方々が公表していたことがわかりました。夕凪さんもいち早く提唱していた投資手法です。

大発明だ！　と思ったらすでに特許があったのね

もちろん個人投資家以外でも有名な投資手法です。一例としては公益財団法人 日本証券経済研究所の「証券経済研究　第91」で、「株主優待が権利付き最終日までの株価に与える影響」という研究結果が発表されていました。この論考を要約すると以下の5点が注目ポイントです。

・投資終了日を権利付き最終日の前日とした組み合わせで5％を超える対ＴＯＰＸ累積超過リターン（配当調整済み）が獲得可能
・もっとも累積投資リターンが大きかったのは、投資開始が権利付き最終日の60営業日前（休日含めておおよそ3ヶ月前）、投資終了が権利付き前日となる組み合わせ
・対ＴＯＰＩＸ累積超過リターン、ＴＯＰＩＸで調整しない単純な株価変動率もリターン

は有意に正

・貸借銘柄と非貸借銘柄で区分し比較したところ、非貸借銘柄で有意に高い傾向
・株主優待利回りと超過リターンには有意な相関はなし

つまり、**権利付き最終日の60営業日前（休日含めておおよそ3ヶ月前）に、空売りができない非貸借銘柄を購入して、権利確定日前に売却**すれば、株価指数よりも大きなリターンを獲得できる傾向にあります。

銘柄によって過去の成績が良い期間はばらつきがあり、2ヶ月前が良い銘柄もあれば、3ヶ月前・4ヶ月前がもっともパフォーマンスがいい銘柄もあります。

貸借銘柄よりも非貸借銘柄の方が優待先回りは有効で、優待利回りと超過リターンには優位な相関はありません。優待利回りが高ければ高いほど先回りがヒットするわけではない点に注意が必要です。

過去データを分析して各銘柄の傾向値を掴んでおくと、この期間に買うと上手くいく確率が高いという事実を把握することができて、株式投資の勝率が高くなります。

たくさんの人がやり始めたらダメになりそうだけど

鋭い！　期待値が高い投資手法は同じことをやる参加者が増えると効果が低減すること

は避けられません。しかし、株主優待先回りは幅広く知れ渡っているにもかかわらず、長期間に渡って有効性をキープしてきました。

その要因は、株主優待先回りのイベント投資で勝率が高い銘柄は、「出来高が少なくて流動性に難がある」傾向があるからです。

売買が活発ではないのね

そのとおり。だから、膨大な資金を運用しているヘッジファンド、機関投資家などは、優待先回りが勝つ可能性が高いという事実があったとしても、リスクを考慮するとまとまった資金を入れることはできないという事情があります。

不祥事、業績の下方修正、企業に致命的な悪影響がある事件の勃発などは、常に発生する可能性があります。株主優待先回りが有効な銘柄は、万が一そのような事態になった場合、ストップ安が連発となり、売るに売れなくなるような銘柄が多いです。

ぶるる。そう考えると怖いわね

先ほどは例としてマックスバリュ東海、アヲハタを挙げましたが、たとえば５０００万～１億円といった資金をこれらの銘柄に投じるのはリスクが高くて困難です。

プロの投資家はもちろん、資金量が多い個人投資家も、まとまった資金を投入することができません。したがって、大口投資家の参入がなくて小口投資家が主体であることから、まだこの投資手法が生きていると考えています。

穴もあります！「株主優待先回り」投資の注意点

株主優待先回り投資は勝率が高いイベント投資ですけれども、失敗する場合もあります。その銘柄の業績悪化や不祥事などの悪材料が出れば、株価は大きく下落してしまいます。また、株式であることには変わりないので、市場全体が軟調な局面、特にリーマンショックや東日本大震災のような大暴落局面では、株主優待先回り銘柄も軟調になる可能性があります。

この銘柄は業績が悪い、株式の保有ポジションを落としたいという投資家が増えれば増えるほど、買い手が減って売り手が増えるので、いくら優待先回りが効く銘柄といえども軟調な展開になる可能性はあります。

じゃあ、エントリーと利益確定はどうすればいいの？

基本的には「この銘柄を何月末に買う」と決めておきつつも、チャートが右肩下がりになっていないか、業績悪化の予兆は出ていないか、何か悪材料が出ていないか等はチェックするのが無難です。あくまで傾向にベットするトレーディングですので、適宜の損切りなどが重要となっています。

大型ＰＯなどによる需給悪化、一時的な悪材料などがある年は、パフォーマンスが悪化しがちです。累計パフォーマンスの考慮でもそのような年は特殊要因として考慮するなどの補正も選択肢です。

超カンタンな手法だけど、情報はチェックしてないといけないわね

また、これは大切なので何度も言いますが、イベント投資やシステムトレードの宿命として、同じことをやる人が増えると優位性が薄まったり、傾向が変化することがあります。参加者が増えると株価が２～３ヶ月前に上がりやすくなり、権利確定日近辺では売りたい人が増えて崩れがちになるので、早い段階で上がり始めたら当初の予定より早めに買いを入れることや、権利確定月の前月に高騰したような場合は早めに売るなどの対応も選択肢です。

流動性が低い銘柄は大々的に参加者が入るリスクが小さいので、依然として有効だと考えますけれども、こうしたデメリットもあるので、柔軟に行動してください。

誰でもできる株主優待先回り銘柄の「探し方」（というか一覧）

株主優待先回りのイベント投資で勝ちやすい銘柄を探す方法としては、「Ｙａｈｏｏ！ファイナンス」や各ネット証券などの優待検索画面で人気がありそうな銘柄をピックアップして、各銘柄のチャートや過去データを見ていくのが重要です。

たとえば、誰でも無料で利用できるＹａｈｏｏ！ファイナンス（https://info.finance.yahoo.co.jp/stockholder/）では、権利確定月から株主優待の銘柄を探せますし、アクセス順・優待の種類・権利確定月・最低投資額などを組み合わせて絞り込むことも可能です（Ｐ81～82）。

そして、よさそうな銘柄が見つかったら、Ｙａｈｏｏ！ファイナンスの「時系列」や、楽天証券のマーケットスピード等のネット証券ツールで過去のデータやチャートを分析して、パフォーマンスが良いか確かめましょう。

銘柄探しの注意点は何？

銘柄を探す時の注意点としては、株主優待が新設された銘柄は、それまでとそれ以降は傾向がまるで異なるので、新設前の値動きは考慮に入れないのが重要となります。途中で改悪された銘柄は、改悪後は傾向が変化する可能性があります。

しょぼい優待とかになったら手放す人は多そうよね

また、優待の権利確定日が変わった銘柄は適宜調整する必要があります。権利確定日は月末という銘柄が大多数ですが、中には15日や20日といった銘柄もあるので、そのような銘柄を売買する際にはうっかり売却を忘れないように注意しましょう。

えと、ごめん。結局、自分で探すのはメンドクサイんですけど

まじっすか！　よござんす。まつ子ちゃんみたいな人のために、２０１８年時点で有望な優待先回り銘柄についてＰ83～86に掲載します。

ただし、今後は傾向が変化する可能性は十分にありますし、新たな銘柄が登場するなど、株式市場は常に新陳代謝があります。定期的な株価チェック＆データ収集によるブラッシュアップが重要です。

Yahoo! ファイナンスは株主優待検索に超便利！

0円
楽天証券
条件なしで、運営管理手数料だれでも0円！掛け金×15~55%の節税効果。
Ads by Yahoo! JAPAN
優待の種類から探す
飲料食品
ファッション
日用品・家電
食事(割引)券
買い物券・プリペイドカード
娯楽・芸術
スポーツ
交通・旅行
宿泊
その他
オリジナル・限定
最低投資金額から探す
10万円未満
10~20万円未満
20~30万円未満
30~50万円未満
50~100万円未満
100万円以上
権利確定月から探す
1月
2月
3月
4月
5月
6月
7月
8月
9月
10月
11月
12月

「株主優待先回り」投資で有望な銘柄を大公開！

権利確定月	コード	市場	名称
1	2590	東証1部	ダイドーグループホールディングス(株)
	9829	東証JQS	(株)ながの東急百貨店
2	2294	東証JQS	(株)柿安本店
	3065	東証JQS	(株)ライフフーズ
	2300	東証JQS	(株)きょくとう
	3073	東証1部	(株)ＤＤホールディングス
	3171	東証JQS	マックスバリュ九州(株)
	8198	東証2部	マックスバリュ東海(株)
	8287	東証2部	マックスバリュ西日本(株)
	2653	東証JQS	イオン九州(株)
	3057	名古屋セ	(株)ゼットン
	4343	東証1部	(株)イオンファンタジー
	7516	東証1部	コーナン商事(株)
	9977	東証JQS	(株)アオキスーパー
	2798	東証2部	(株)ワイズテーブルコーポレーション
	3093	東証1部	(株)トレジャー・ファクトリー
	7611	東証1部	(株)ハイデイ日高
	9979	東証1部	(株)大庄
	3546	東証1部	ダイユー・リックホールディングス(株)
	9846	東証2部	(株)天満屋ストア
3	2224	東証JQS	(株)コモ
	2922	東証1部	(株)なとり
	7562	東証2部	(株)安楽亭
	2911	東証2部	旭松食品(株)
	3068	東証JQS	(株)ＷＤＩ

3	2816	東証2部	(株)ダイショー
	9853	東証JQS	(株)銀座ルノアール
	7416	東証1部	(株)はるやまホールディングス
	7421	東証1部	カッパ・クリエイト(株)
	9943	東証JQS	(株)ココスジャパン
	4695	東証2部	(株)マイスターエンジニアリング
	9723	東証2部	(株)京都ホテル
	8215	東証JQS	(株)銀座山形屋
	7412	東証2部	(株)アトム
	7604	東証2部	(株)梅の花
	9629	東証1部	ピー・シー・エー(株)
	9887	東証1部	(株)松屋フーズ
4	2910	東証1部	(株)ロック・フィールド
	3329	東証JQS	東和フードサービス(株)
	2593	東証1部	(株)伊藤園
	25935	東証1部	(株)伊藤園第1種優先株式
	3361	東証1部	(株)トーエル
	2198	東証1部	アイ・ケイ・ケイ(株)
	2695	東証1部	(株)くらコーポレーション
5	3160	東証1部	(株)大光
	3075	東証JQS	(株)銚子丸
	2698	東証1部	(株)キャンドゥ
	3544	東証1部	サツドラホールディングス(株)
	2722	東証2部	(株)アイケイ
	7487	東証1部	小津産業(株)
	2493	東証JQS	イーサポートリンク(株)
6	7585	東証JQS	(株)かんなん丸
	2226	東証JQS	(株)湖池屋

6	2180	東証2部	(株)サニーサイドアップ
	3197	東証1部	(株)すかいらーく
	8179	東証1部	ロイヤルホールディングス(株)
	2702	東証JQS	日本マクドナルドホールディングス(株)
7	3172	東証1部	ティーライフ(株)
	7614	東証JQS	(株)オーエムツーネットワーク
	9829	東証JQS	(株)ながの東急百貨店
	3421	東証1部	(株)稲葉製作所
	9636	東証2部	(株)きんえい
	7850	東証JQS	総合商研(株)
8	2228	東証JQS	(株)シベール
	9778	東証JQS	(株)昴
	2798	東証2部	(株)ワイズテーブルコーポレーション
	2872	東証2部	(株)セイヒョー
	3344	東証JQS	(株)ワンダーコーポレーション
	7450	東証JQS	(株)サンデー
	3045	東証2部	(株)カワサキ
	8200	東証1部	(株)リンガーハット
	7818	東証1部	(株)トランザクション
	3608	東証1部	(株)ＴＳＩホールディングス
9	7596	東証1部	(株)魚力
	8041	東証1部	ＯＵＧホールディングス(株)
	3245	東証1部	(株)ディア・ライフ
	3153	東証1部	八洲電機(株)
	4653	東証1部	(株)ダイオーズ
	3058	東証JQS	(株)三洋堂ホールディングス
	3245	東証1部	(株)ディア・ライフ

9	9033	東証2部	広島電鉄(株)
	7412	東証2部	(株)アトム
	7604	東証2部	(株)梅の花
	9899	東証2部	(株)ジョリーパスタ
10	2923	東証2部	サトウ食品工業(株)
	3329	東証JQS	東和フードサービス(株)
	7640	東証1部	(株)トップカルチャー
	8079	東証1部	正栄食品工業(株)
11	3160	東証1部	(株)大光
	2830	東証2部	アヲハタ(株)
	3349	東証1部	(株)コスモス薬品
	3075	東証JQS	(株)銚子丸
	3089	東証JQS	テクノアルファ(株)
	3244	東証1部	サムティ(株)
	9872	東証2部	北恵(株)
	9369	東証1部	(株)キユーソー流通システム
12	2406	東証JQS	(株)アルテ　サロン　ホールディングス
	2266	東証1部	六甲バター(株)
	7585	東証JQS	(株)かんなん丸
	1899	東証1部	(株)福田組
	4746	東証1部	(株)東計電算
	3197	東証1部	(株)すかいらーく
	2752	東証JQS	(株)フジオフードシステム
	2499	東証2部	日本和装ホールディングス(株)
	3630	東証1部	(株)電算システム
	6078	東証1部	(株)バリューＨＲ

※データは執筆当時

第4章

「IPO プライマリー・セカンダリー」でゴリゴリ儲ける

IPOの種類とその投資法はザックリわけて2種類ずつ

IPOとは「initial public offering」の略称で、公募や売出しによって新規に株式を公開することです。未上場会社の株式が証券取引所（株式市場）に上場することを指します。

Initialは「最初の」、Publicは「公開の」、Offeringは「売り物」という意味です。

企業にとってはIPOすることで市場から幅広く資金調達することが可能となり、知名度・社会的信用がアップする等のメリットがあります。投資家にとっては手数料無料で値上がり期待がある新規公開株式を取得できるメリットがあります。

たしかIPOには2種類あるのよね

IPOにはブックビルディング方式と入札方式の2種類があります。

ブックビルディング方式とは、機関投資家などの大口投資家からの意見を参考に、引受証券会社が「仮条件」を設定して投資家に提示します。その後に仮条件をベースとした投資家の需要から発行価格が決定する方式です。

○○○円〜○○○円と価格帯を示したうえで、募集するということね

入札方式とは投資家が購入希望価格を提示して申込みを行って、その状況に基づいて発行条件や発行価格を決定する方式です。近年のＩＰＯはほぼ全てがブックビルディング方式となっています。

価格帯があったほうが応募しやすいものね

日本でのＩＰＯには証券取引所に上場する方法と、日本証券業協会の登録銘柄となる店頭登録がありました。現在は後者の制度が廃止されてジャスダックに移行しました。今では東証一部、東証二部、ＪＡＳＤＡＱ、マザーズ等の市場に上場することが株式公開の手段となっています。

ＩＰＯの投資手法も2種類あるのよね

その通りです。ＩＰＯに関連する投資手法を大別すると、プライマリーマーケットでの取得とセカンダリーマーケットでのトレードの２種類があります。

IPOプライマリー・セカンダリーのメリット・デメリット

	プライマリーマーケット	セカンダリーマーケット
メリット	儲かる可能性が高い	収益を狙う機会がたくさんある
デメリット	対面証券の上顧客でない限りは当たりにくい	難易度・ボラティリティが高い

まずはプライマリーからね

プライマリーマーケットとは、投資家が直接もしくは証券会社などの仲介者を通じて、企業などが新しく発行した株式などの証券を取得する市場です。発行市場・一次市場とも呼ばれます。

証券会社でＩＰＯのブックビルディングに申し込んで株式の配分を狙うことで、一般的なＩＰＯ投資のイメージはこちらとなっています。

セカンダリーはどう違うの

セカンダリーマーケットとは既に発行された株式などが投資家間で売買される市場のことです。流通市場（二次市場）とも呼ばれ、取引所取引と店頭取引があります。

証券会社を通じて既に上場した株式を売買する市場です。

抽選で得るか、自由に買えるかが大きな違いね

ＩＰＯはプライマリーマーケットでの獲得は難易度が高いので、上場後にセカンダリーマーケットで株式を購入して収益を狙うことも選択肢となります。

それぞれのメリット・デメリットは前ページの表のとおりです。

次項から、プライマリーマーケット、セカンダリーマーケットのそれぞれにおいて、ＩＰＯ関連銘柄で収益を狙う方法について解説します。

プライマリーマーケットはほぼ勝率80％弱以上でリターンが堅い

高い勝率で期待値は大

ＩＰＯのブックビルディングに申し込んで当選した場合、公開価格を上回る初値がつく銘柄が大多数なので、高い確率で収益を上げることが可能です。

割り当てられたＩＰＯ銘柄を単純に初値で売却するだけでも、リーマンショック、ギリシャショック、東日本大震災などで市況が冷え込んだ年以外はおよそ78～96％がプラスリターンとなっています。

すごい利益ね

公開規模（公募価格×公開株数）が小さい銘柄、業種が時勢にマッチしていて人気が高い銘柄（２０１８年時点ではクラウド・ＩｏＴ・機械学習・ＡＩ等）、業績が堅調で成長性が高い銘柄は初値が高騰する傾向にあります。

最新のビジネスキーワードがあると期待しちゃうもんね

再上場でＶＣが大量の売出しを行う案件でオファリングレシオが大きいＩＰＯや、無格付のＲＥＩＴは軟調な傾向があり、**こうした銘柄を回避すれば勝率は上がります。**

２０１６年～２０１８年7月に公募割れした銘柄はＰ93～94のとおりです。ＩＰＯプライマリーマーケットにおいては、★マークをつけたＶＣの売出し銘柄・無格付けのＲＥＩＴの公開株は高い確率で、マイナスリターンになっております。

ＶＣの売り掛け銘柄、格付けのないＲＥＩＴ（不動産投資信託）は避けるべきと…

また、２０１６年1月のチャイナ・ショックによる株価急落後の調整局面では、初値が

2016-2018/7で公募割れしたIPO銘柄

コード	結果	吸収金額	市場	特徴
フィット	-7.9%	22億	マザーズ	地味業種&不安定な市況
ユー・エム・シー・エレクトロニクス	-17.3%	71億	東証一部	地味業種&不安定な市況
アカツキ	-8.0%	73 億	マザーズ	重量級&不安定な市況
アイドママーケティングコミュニケーション	-14.6%	26億	マザーズ	地味業種&不安定な市況
フェニックスバイオ	-2.1%	11億	マザーズ	不安定な市況
ウィルプラスHD	-8.0%	11億	JASDAQ	地味業種&不安定な市況
スターアジア不動産投資法人	-0.9%	247億	REIT	★ 無格付
ソラスト	-6.0%	147億	東証一部	再上場&100%売出
コメダホールディングス	-4.7%	601億	東証一部	★ VC売り抜け
マリモ地方創生リート投資法人	-3.8%	89億	REIT	★ 無格付
ベイカレント・コンサルティング	-6.5%	283億	マザーズ	★ 重量級&VC売り抜け
大江戸温泉リート投資法人	-4.1%	170億	REIT	★ 無格付
さくら総合リート投資法人	-13.2%	311億	REIT	★ 無格付
KHネオケム	-5.4%	419億	東証一部	★ VC売り抜け
マーキュリアインベストメント	-4.1%	15億	東証二部	仮条件大きく下振れ
アイモバイル	-6.8%	84 億	マザーズ	重量級
バロックジャパンリミテッド	-5.0%	275億	東証一部	★ VC売り抜け
いちごグリーンインフラ投資法人	-3.9%	50億	インフラREIT	★ 無格付
投資法人みらい	-3.8%	554億	REIT	イデラキャピタルがスポンサー
シンシア	-7.1%	10億	マザーズ	詐欺・粉飾等の末に破産したヤマト樹脂光学のコンタクトレンズ部門がルーツ

船場	-7.5%	31億	東証二部		地味業種
マクロミル	-4.3%	532億	東証一部	★	VC売り抜け
日本再生可能エネルギーインフラ投資法人	-4.1%	38億	インフラREIT	★	無格付
スシロー	-4.7%	760億	東証一部	★	VC売り抜け
ウェーブロックホールディングス	-3.9%	45億	東証二部	★	VC売り抜け
LIXILビバ	-5.0%	449億	東証一部		76％売出
西本Wismettacホールディングス	-6.0%	202億	東証一部		地味業種
MS&Consulting	-2.3%	55億	マザーズ	★	VC売り抜け
カナディアン・ソーラー・インフラ投資法人	-5.0%	186億	インフラREIT	★	無格付
アルヒ	-2.3%	248億	東証一部	★	VC売り抜け
プレミアグループ	-4.3%	129億	東証一部	★	VC売り抜け
CREロジスティクスファンド投資法人	-5.0%	234億	REIT	★	無格付
ザイマックス・リート投資法人	-1.0%	231億	REIT	★	無格付
信和	-3.8%	158億	東証二部	★	VC売り抜け
キューピーネットHD	-6.0%	253億	東証一部	★	VC売り抜け
タカラレーベン不動産投資法人	-4.2%	346億	REIT	★	無格付

ご覧のとおり、公募割れの半数以上が
「VC売り抜け」と「無格付REIT」です。
VCとは「ベンチャー・キャピタル」の略で
アグレッシブな投資を行う会社を指します

マイナスとなるＩＰＯが増えました。市況が不安定な側面では投資家の株式投資に対する需要が減退するため、ＩＰＯにも悪影響が及びます。リーマンショックによる世界的な株価暴落が発生した２００８年は、なんと半数を超えるＩＰＯが公募割れとなり、東日本大震災が発生した２０１１年は４割近い銘柄が公募割れとなりました。

市場全体が混乱しているときも悪影響がある…

裏を返すと株価が不安定な市況ではない場合は、**ＶＣ売り抜け案件や無格付ＲＥＩＴを避ければ、ＩＰＯに当選して初値で売却することで手堅いリターン**を獲得できます。

このようにＩＰＯ銘柄は高い確率で価格が上昇して、微妙銘柄を避けるとほぼ必勝となるので、ブックビルディングには多数の申し込みがあり、抽選倍率が高くてなかなか当たらない状況となっています。

かたっぱしから申し込むとなかなか当たらずに途中で止めてしまいがちです。特に忙しい兼業投資家だと数回外れるとやめる人も多い印象です。

外れるとやっぱりショックだしね

当選確率を劇的に上げるＩＰＯプライマリーの5つの裏技

当選確率が上昇する戦略に基づいて申し込むことで、着実なリターンを獲得することが可能になります。ポイントは次の５つです。順にみていきましょう。

①主幹事証券に絞る

基本的にはかたっぱしから申し込むと、着実に当選確率は上昇します。多くの証券会社は、数％〜10％程度は完全抽選で配分しているためです。ただし、当選確率が低いＩＰＯに申し込むのは煩わしいという方も多いでしょう。

そのような方は主幹事証券のみに申し込むというのも選択肢となります。高騰する可能性が高い銘柄（ホットイシュー）の場合は申込みが殺到するので、主幹事でも当選確率は低いですが、枚数が多いので平幹事よりは当選確率が上昇します。

ＩＰＯの売り出しには通常複数の証券会社で行われ、主幹事証券はその代表ね

②大型株は意外と当たる

主幹事に申し込む手間を費やすのも抵抗がある方は、上昇が期待できる大型株に限定するのがおすすめです。たとえば、最近では以下のような銘柄群です。

・メルカリ：＋66・7％
・SGホールディングス（傘下に佐川急便）：＋17・3％
・三菱地所物流リート投資法人：＋5・4％
・九州旅客鉄道：＋19・2％
・ラサールロジポート投資法人：＋5・0％
・日本郵政：＋16・5％
・かんぽ生命保険：＋33・1％
・ゆうちょ銀行：＋15・9％
・ケネディクス商業リート投資法人：＋13・3％
・リクルートホールディングス：＋2・3％

このような大型株に限定すれば、ブックビルディングの機会は年1〜2回程度に限定されるので、さほど手間ではないと思います。大型株はネット口座でも意外に当たることが多いです。

メルカリは主幹事の三菱ＵＦＪモルガン・スタンレー証券と同じＭＵＦＧのカブドットコム証券や、大和証券のネット口座で当選した方も出ました。

とりわけ政府が株式を売り出すＩＰＯの場合は、広く配分するように証券会社に要請が出されているからか、１００株ずつ万遍なく配分されることがあります。

政府が株式を売り出すＩＰＯっていうと…

たとえば郵政3社などです。そのＩＰＯでは、当時ネット口座だった野村證券で3社とも当選して、ポチポチだけで月収に近いリターンを獲得できました。

クリック1つで当選するのは美味しいわね

注意点としてはいくら大型株でもＳＢＩ証券、楽天証券、マネックス証券、松井証券、カブドットコム証券などのネット証券だけだと、株数が少ないところに申し込みが殺到するので当選確率は高くない点です。

やはり主幹事あるいは平幹事でも配分株数が大きい大手証券会社で申し込むことが重要になります。２０１８年8月以降ならソフトバンク（携帯事業会社）、東京メトロ、大創産業あたりのＩＰＯが実現したら、申し込むことをおすすめします。

わかった。ダメ元でいってみるわ！

③ＳＢＩ証券はひたすら申し込む

ＳＢＩ証券にはＩＰＯに申し込んで抽選対象となって落選した場合は、ＩＰＯチャレンジポイントがもらえる仕組みがあります。

ＩＰＯの申込時にこのＩＰＯチャレンジポイントを1ポイント単位で使うことができます。

参加賞ってことでポイントくれるの？

そうです。ＳＢＩ証券のＩＰＯのルールは、個人客への配分予定数量の70％は抽選です。この抽選はＢＢ（ブック・ビルディング）する量が多ければ多いほど有利になるため、資金量がないと当選する確率は低くなります。

残りの30％は、抽選の結果当選されなかった申込分を対象に、ＩＰＯチャレンジポイント数の多い客から順番に配分されます。抽選ではなく、完全に多い順です。

ＩＰＯチャレンジポイント数が同一の客が複数いる場合は、抽選によって順位が決まります。一人の客への配分数量には、上限が設けられます。

エボラブルアジアは1ポチ＝2600円となった！

約定日▲	銘柄	取引 預り/課税	約定数量 約定単価	手数料/諸経費等 税額	受渡日 受渡金額/決済損益
16/03/28	エボラブルアジア 6191 --	株式現物買 (募集) NISA/ --	54万円分買って…		16/03/29 540,000
16/03/31	エボラブルアジア 6191 東証	株式現物売 NISA/ 非課税	80.1万円で売却！		16/04/05 801,000

続けてれば、必ずS級IPOに当選するってわけね

そうそう。当然に手間暇がかかりますけれども、概ね4～5年にわたって貯めれば、必ずS級ＩＰＯに当選します。

概ね1ポイント1000円以上にはなり、うまく使うと1ポイント2000円以上になることもあるので、手堅いリターンを獲得できます。

一例としてはＳＢＩ主幹事でＰＲ ＴＩＭＥＳと期間が重複した「エボラブルアジア」には100ポイント前後で300株に当選できました。結果は＋26万1000円であり、1ポイントが2，600円程度になった事例となります。

1ポチ＝2600円と考えるとやる気出るわ！

1ポチ1分と考えると、2600円×60で時給にしたら15万6000円です。ＩＰＯのポチポチ作業は1回1000～2600円の副業だと考えられたら、ＳＢＩ証券に関してはひたすら申し込むことが有力です。

④岡三オンライン証券プラチナは穴場

ネット証券でIPOの当選確率が高い意外な穴場証券は、岡三オンライン証券です。P102~103のとおり、一定の条件をクリアすると、当選確率が飛躍的に上昇します。

IPOのステージがSだと1銘柄で3回の抽選のチャンスがあるため、当たる可能性がアップします。

岡三オンライン証券の場合、前月の日本株累計売買金額、投資信託平均残高に応じてステージ制が適用されており、**プラチナ、プレミアゼロならIPOでステージSとなり、当選確率が格段に上昇**します。

そのステージに移行するにはどうしたらいいの?

P103下表のとおり、前月の投資信託の平均残高が1000万円以上、前月の日本株累計売買金額が5億円以上、判定期間中の手数料合計が100万円以上のいずれかの条件をクリアすると、別枠ステージに移り、IPOの当選確率が飛躍的に上昇します。

一時期は3~4ヶ月に1回はS級IPOに当選していた方もいらっしゃいました。

投資信託1000万円以上のほうがまだハードル低そうね

岡三オンライン証券の抽選方法

抽選にあたっては、抽選対象者ごとにシステム的に番号（乱数）を付し、その番号を対象に抽選を行います。この際、**過去の取引実績に応じて抽選対象者をステージS、ステージA、ステージBの3ステージに分け、第一抽選（対象：ステージS）、第二抽選（対象：ステージS及びA）、第三抽選（対象：全ステージ）の3回の抽選を実施します。**ステージ制による優遇サービスの詳細につきましては、当社Webサイトにおいてお知らせいたします。

各抽選における当選株数の割り振りについては、抽選対象株式の単元数のうち、全ステージが対象となる第三抽選に当社割当株数の10％を下回らない最小単元株数を割り振り、残りを二分し第一抽選、第二抽選に割り振ります（二分し余りが生じた場合は第一抽選に割り振ります）。

割り振り後、それぞれ抽選を実施し当選者を決定します。

なお、補欠当選者は第三抽選の結果に基づき決定します。

できる限り多くのお客さまに配分が行われるよう、当選順位に従って1単元ずつの配分とさせていただきます。なお、複数の抽選で重複して当選した場合でも、当選株数は1単元とさせていただきます。

（岡三オンライン証券 公式サイトより引用）

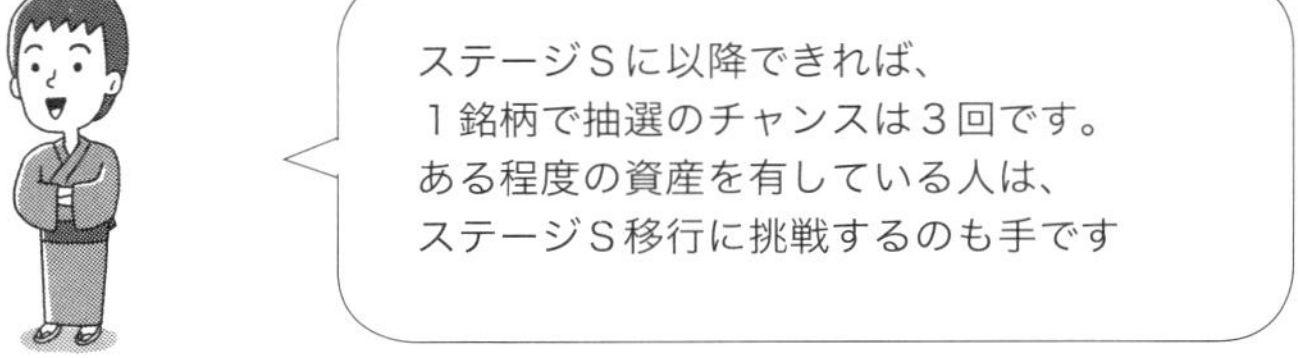
ステージSに以降できれば、
１銘柄で抽選のチャンスは３回です。
ある程度の資産を有している人は、
ステージS移行に挑戦するのも手です

ステージの種類・判定期間・適用基準など

ステージの種類	判定基準
S	判定期間中に一度でも信用取引手数料優遇コース「プレミアゼロ」または「プラチナ」が適用または、判定期間中の手数料合計が100万円以上（※キャンペーンによって付与された優遇コースは対象外）
A	判定期間中の手数料合計が10万円以上100万円未満
B	判定期間中の手数料合計が10万円未満

判定期間	適用期間
1月1日〜3月末日	5月1日〜7月末日
4月1日〜6月末日	8月1日〜10月末日
7月1日〜9月末日	11月1日〜1月末日
10月1日〜12月末日	2月1日〜4月末日

プラチナとプレミアゼロの適用基準

プラチナ：
日本株累計売買金額が5億円以上 or 投資信託の平均残高が1,000万円以上

プレミアゼロ：
日本株累計売買金額が20億円以上 or 投資信託の平均残高が3,000万円以上

まつ子ちゃんと一緒で、みんな思うことは一緒なんですね。徐々にこの認知度が上がって、低リスク投信を１０００万円寝かす方が増えて、以前よりは当たりにくくなったようです。

お金持ちのほうがよりお金持ちになりやすいっていうのは、庶民としては悲しいわ

⑤資金量がある場合は対面での取引口座

もっと資金量が多い方は対面証券での取引も選択肢となります。対面証券での口座を持つと、抽選ではなく裁量配分で新規公開株式が割り当てられる可能性が上がります。

もちろん忙しい等の理由で担当の社員と一切やり取りをしたくない場合は不可能ですけれども、やり取りを許容できる場合は、ある程度資金量が増えてきたステージにおいては、対面証券で口座を開設して上手く付き合うと、手堅い超過リターンを獲得できます。

うー、これもまだ私には関係なさそうw

数百万円～数千万円といった金額の投資信託を買うならば、ネット証券で買うのはもったいない側面があります。同じ金額を対面証券で相手がノルマや残高に困っている状況でかつ直後に妙味があるＩＰＯがあるタイミングで付き合うと、数万円～数十万円といった

リターンを得ることができます。

世の中、持ちつ持たれつなのね…

会社員でも余裕でできる セカンダリーマーケット3つの裏技

　IPOの銘柄をプライマリーマーケットで取得するのは、一部のダメ銘柄を除いて競争が厳しいものの、一旦株式市場に上場した後は自由に売買することが可能になります。

プライマリー（最初）がダメでも、セカンダリーがあるのね

IPO直後の数日間は、株価が一定の値動きを見せることがパターン化されており、なぜか勝率が高い売買手法が存在しています。

過去の統計上は勝率が高いシーンに限定して、新規上場した株式を市場で売買してリターンの獲得を目指すのがセカンダリーマーケットでのIPO投資です。

こう述べると専業トレーダー向けなのではというイメージが湧きますけれども、**勤務時**

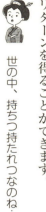

間中は売買できない普通の会社員に実践できるのが次の3つです。

①初値突撃
②胸熱材料銘柄買い
③需給一時崩壊買い

①初値突撃

プライマリーマーケットでＩＰＯに当選した方は、初値で売却すると手堅いリターンを獲得できるので、初値で売却する方も数多くいらっしゃいます。しかし、銘柄の中には初値がついてからさらに短期間で上昇する銘柄が多数あります。

短期的に株価が上昇する可能性が高い銘柄については、新規上場して付いた初値で購入して、さらなる短期的上昇を狙えます。それが「初値買い」です。

過去の値動きをデータ分析すると、初値買いしてから一定期間後に売却することで、トータルで利益が出る傾向があるＩＰＯ株があります。それは、「**即金規制**《そっきんきせい》」が課せられた銘柄です。

売り注文よりも買い注文が大幅に多い場合は、上場予定日に初値が決定せずに、初値が付くのが翌日に持ち越されることがあります。

そういう銘柄には「即金規制」が課せられるのが、東証のルールとなっています。

即金規制が発動すると、取引にかかる現金が即日徴収されて、買い余力があっても現金の受け渡し期日が未到来なら購入できなくなります。また、信用買いも不可能となり、成行注文はＮＧで指値注文のみになります。

えーと…買い注文を規制することで、初値をつけやすくするのね

そう、買いの交通整理が行われるわけです。次ページをご覧ください。これに該当する銘柄を初値で買って、翌日の寄り付きで売却するだけで、２０１４〜２０１７年の４年間は大きなリターンを獲得できました。

やる作業としては単純極まりなく、**上場予定日に値がつかずに翌日以降に初値形成を持ち越した銘柄を、初値で買って購入日の翌日の寄り付きで売却する**だけで、この期間は平均＋５・46％という成果を上げられました。

人気が高くて買いが殺到する銘柄は、初値がついた後も短期的な平均では上昇する傾向があります。仮に一律３００万円投資していたと仮定すると、４年間の通算で＋１４０８万円のリターンとなりました。

これはイベント投資家界隈《かいわい》では長らく有名になっている手法となっています。

多くの人が知っているにもかかわらずまだ生き残っているのは、「値動きが激しくてま

一律300万投資していたら、4年で1400万の利益

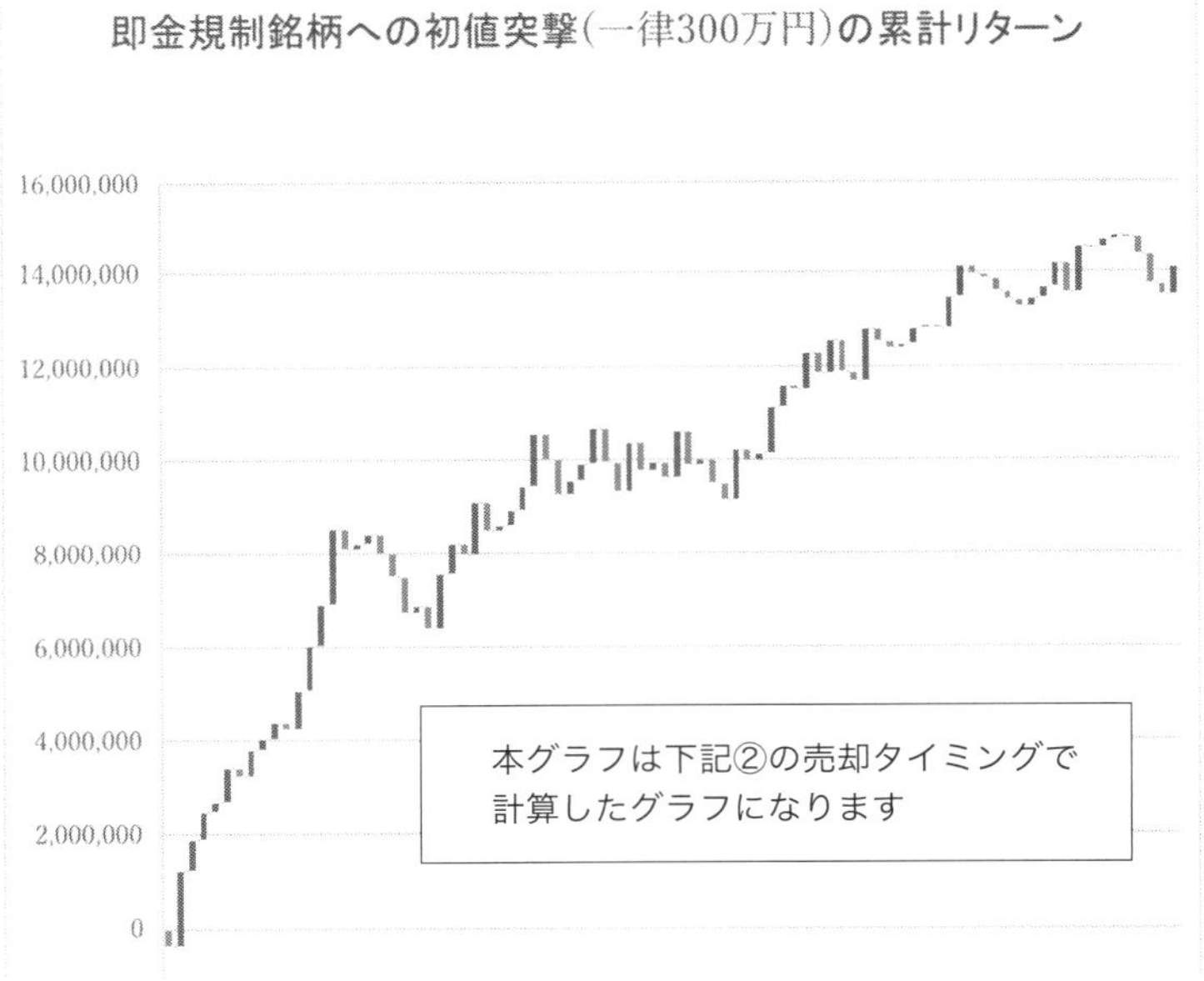

「初値買い」は売却タイミングで成績が変わる！

①初値買い→当日の終値で売却：平均 +2.59％
②初値買い→翌日の始値で売却：平均 +5.46％
③初値買い→翌日の終値で売却：平均 +3.10％

※2014-2017年の４年間の成績

とまった金額を投じるのはリスク許容度やメンタルの側面で難しい」、「論理的根拠が乏しい値動きの傾向に対して資金を投じることに抵抗がある方が多い」などの理由が考えられます。

初日に値が付かずに2日目以降に持ち越した銘柄を初値で購入して、初値がついた翌日の寄りで売却すると、よりリターンを得られる傾向にあります。

しかし、ボラティリティが高く、かつ優待先回りや東証一部昇格狙いとは異なり、ロジカルな根拠はなく過去の値動きだけに依拠していることから、投機性が高い点に留意が必要です。次ページのとおり、短期間でマイナス26%から＋54%まであり、痺れるような値動きとなっています。

上がるか、下がるか、勝率高めのバクチってとこね

投機的に勇気を持って初値買いすることから、蛮勇的な色彩を帯びており、初値買いではなく「初値突撃」と呼ぶ方もいる投資手法です。

注意点としては大きく下落する場合もあり、精神的な負荷が高い点です。

勝率を上げるためには、細かくファンダメンタルズを分析して株価の割安性を確認したり、行使可能なストック・オプション（自社株を経営者や従業員が一定の行使価格で購入できる権利）の有無・ある場合はその量、ロックアップ（大株主が公開後の一定期間、持ち株

即金規制銘柄への初値突撃の騰落率（一律300万円）

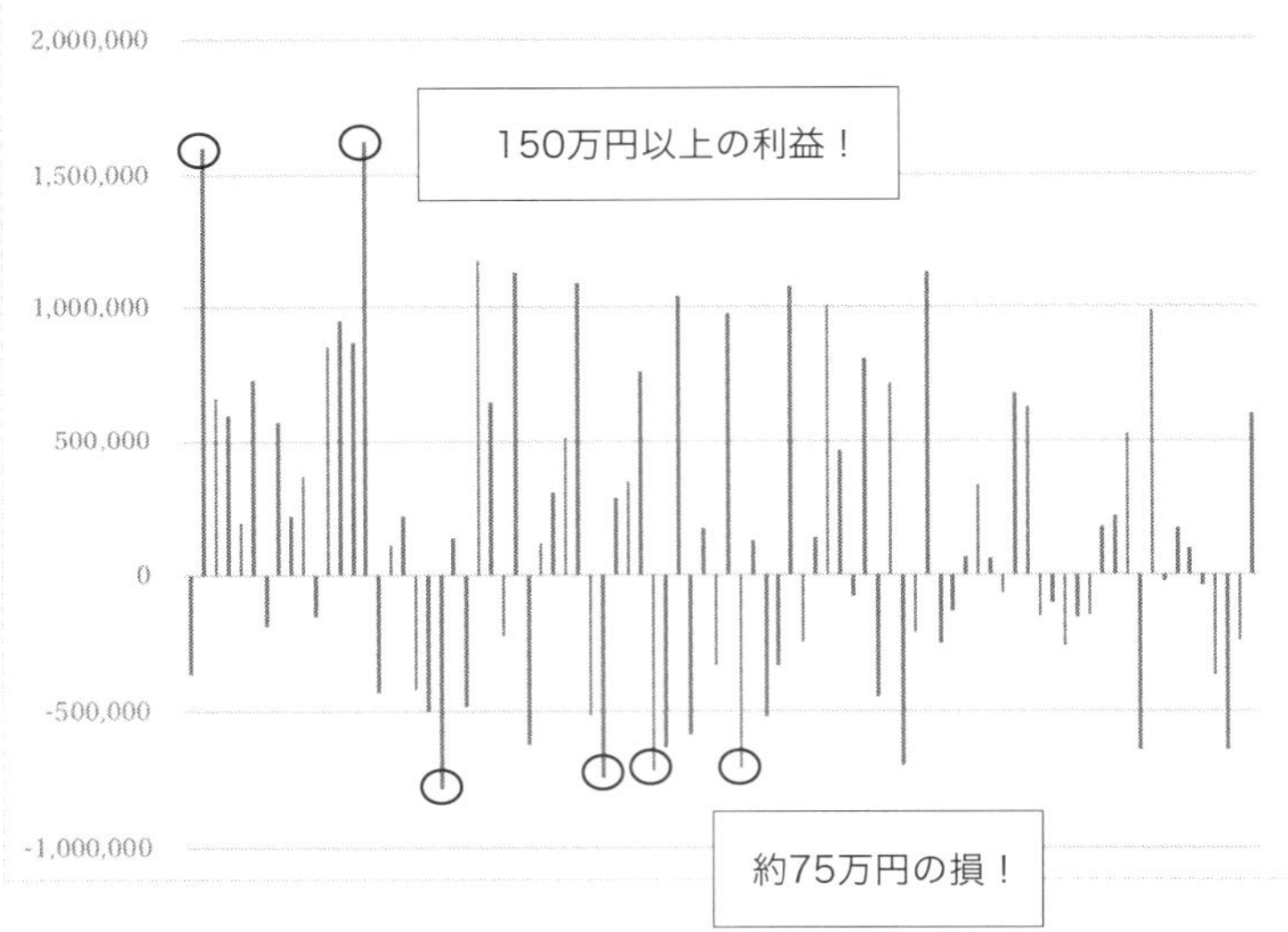

騰落率は、上は＋54%から、
下は−26%と短期間で
激しい値動きを示します。300万円かけて
75万円負けたら私でもかなり動揺します

を売却できないよう契約を交わす制度）の有無、ロックアップ解除後にすぐ売ってきそうな大株主がいるか等を分析していくことが重要になります。

②胸熱材料銘柄買い

お祭り騒ぎになる可能性が高いホットな材料が出ているＩＰＯ銘柄を初値で購入して、その後の盛り上がりでリターンを狙う投資方法です。

これは即金規制銘柄とは異なり、数は多くないので、実践する機会が年がら年中あるというわけではなく、ここぞという局面で利用すべき投資手法となります。

どんな例があるのかしら？

ＤｅＮＡの医療健康情報サイトの「ウェルク（ＷＥＬＱ）」が、「人間の健康にかかわるヘルスケア情報について誤った情報を大量発信している」と批判が集まって炎上した事件を覚えてますか？

なんとなく…まとめサイトのやつ？

それです！　その真っ只中に、ネットセキュリティ企業のエルテスが上場したことがあります。上場時のエルテスは主にリスクに特化したビッグデータ解析技術をベースとして、企業を中心としたあらゆる組織が晒《さら》されるリスクを解決するためのソリューション事業を展開していました。

ビッグデータ上の動きからリスクの予兆を捉える「リスクインテリジェンス」、リスク発生を早期に把握するための「リスクモニタリング」、危機発生後に速やかに顧客が適切な対応が取れるようにアドバイスする「リスクコンサルティング」の各分野において、サービスを提供していました。

特に、ソーシャルメディアを中心としたＷｅｂの様々なメディアに起因するソーシャルリスクを回避、解決するためのサービスをソーシャルリスク事業として展開していました。

えっと、つまり具体的には?

ようは、ネット炎上を未然に防ぐためのソリューション、危機発生時の対応コンサルティング、レピュテーション回復のためのサービスをワンストップで提供していたということです。

ウェルクの事件を連想しやすかったのね!

そう、まさに世の話題を席巻している問題のソリューション業種の銘柄が東証マザーズ市場に光臨するシーンで、上場後は材料をネタに大きく株価が上昇する可能性が高いと考えました。

実際に上場後はストップ高となり、初値6510円→翌日の寄り8260円と推移して、大きなキャピタルゲインを獲得できました。たったの1日で大きな利益を出した会心のトレードでした。

このように**世の中でホットとなっている話題の関連銘柄が上場した時は、短期的に投資が集結する可能性がある**ことから、そのような銘柄のセカンダリーを狙うこともテクニックの一つです。

③需給一時崩壊買い

初値突撃、胸熱材料銘柄買いは初値騰落率が高い銘柄を購入して、さらに高い株価で売却することを企図した手法です。いわゆる「高く買って高く売る」方法です。

高騰している銘柄を買うのはなかなか心理的には実践しづらい投資方法です。また、逆張り派で、「基本的には株価が下がって安い局面で買いたい」という方も多くいらっしゃるでしょう。

ここでご紹介する「需給一時崩壊買い」は、**初値が公募価格よりも低いマイナスリター**

ンで、その後に「売りが売りを呼んで」下げ幅を拡大した銘柄を購入する投資方法です。逆張り派、バリュー投資家の方にも取り組みやすいＩＰＯセカンダリー投資手法です。

初値がマイナスだった場合、短期的な投資の観点でＩＰＯに申し込んだ方が損切りすることから、株価下落が加速することがあります。

しかし、「やまない雨はない」、「明けない夜はない」「日はまた昇る」という言葉があるように、ファンダメンタルズから明らかに割安なところまで株価が下落したら、そこに妙味を感じた投資家の買いが入り始めて、底を打って株価が上昇することになります。

「ポテンシャルに比べて、下がりすぎだろ」って思う時点があるのね

公募割れして売りが加速してダダ落ちしたＩＰＯ銘柄を、安値で購入して反発を狙う手法となります。特に**ＲＥＩＴで安直に有効**だと考えており、ＲＥＩＴが公募割れして下げが加速した時に反発を狙っています。

一例としては派手に割れたさくら総合リート（３４７３）は、一時なんと初値後マイナス９・４％まで暴落しましたけれども、その後は迅速に戻しました。

ＲＥＩＴの場合は、誰にとっても分かりやすい指標である分配金利回りが一定の下支えになるので、**類似ＲＥＩＴと比較して明白に分配金利回りが高い水準まで売り込まれたら、リバウンド狙いでの買いが有効**なケースが多いです。

さくら総合リートは初値後–9.4%の暴落から迅速に回復

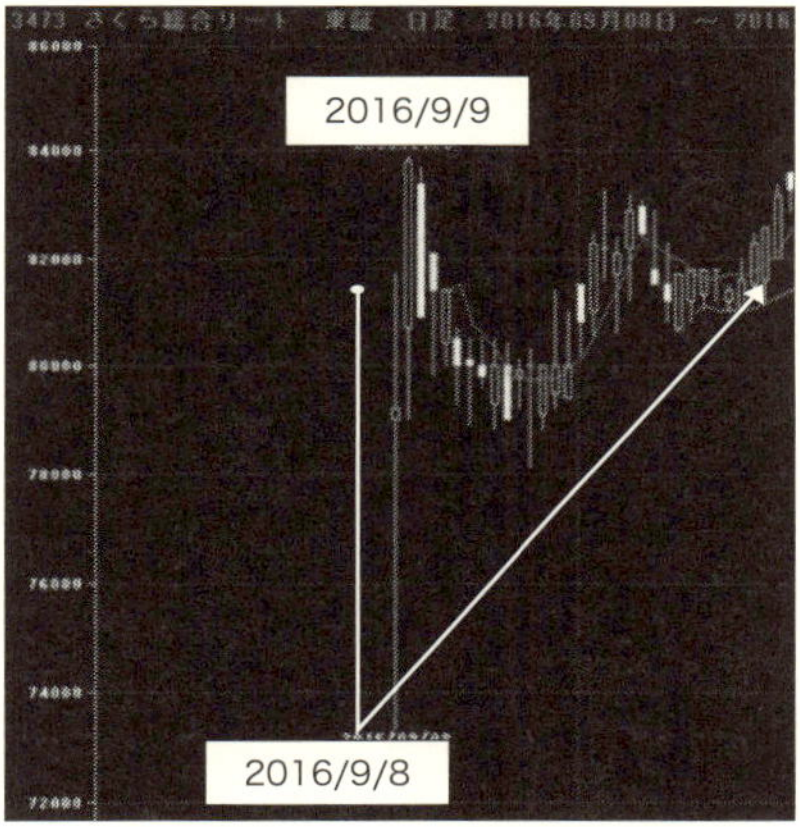

※楽天証券マーケットスピードより

ドカーンと初値後–9.4%に割れたあと
すぐに急上昇に転じています。
まさに「やまない雨はない」ですね！

「需給一時崩壊買い」は公募割れした
REITで安直に有効なのね。
公募割れが楽しみになってきちゃった！

なお、J-REITの指標の比較は「JAPANREIT」(http://www.japan-reit.com/)が分かりやすいです。

初値が公開価格よりも低い公募割れとなったREIT(インフラファンドを除く)を、初日の安値で買って翌月末の終値で売却した場合、2002~2018年前半の統計では優良な成果を挙げられました。

P118のとおり、22勝2敗と高勝率で、なんと平均騰落率は+6・77%と高いリターンとなっています(銘柄名は上場当時の名称)。

でも、兼業投資家には難しいじゃない? 安値で買うって?

いい疑問ですね。そこで誰でも実践できる方法として、

①公募割れしそうな銘柄を初値で買って、翌月末の終値で売った場合
②初日の終値で買って、翌月末に売却した場合

を分析してみましょう。

結果は、P119のとおり、この場合も高勝率となっています。①の初値で買った場合は17勝7敗で平均+3・35%、②の終値で買った場合は21勝3敗で平均+4・16%となっ

ています。

このうち特に誰にでも簡単に実践できるのは、②の初日の終値で買う手法です。**サラリーマンでもお昼休みにIPOしたREITの初値をチェックして、割れていたら引成《ひけなり》（相場終了のタイミングで成り行き注文をすること）での買い注文を出せばいいだけ**です。REITは、上場予定日の前場中に寄り付く場合がほとんどです。

IPOというイベントに着目してデータ分析して統計的有意性が高い売買方法を模索すると、単純極まりない方法でも、勝率を高めて手堅いリターンを獲得できます。

他にもIPOの上場後のデータを細かく分析すると、面白い傾向が色々と出てきて、IPOセカンダリーマーケットで高い収益を獲得することが夢ではありません。ただし、新興市場の銘柄は値動きが荒くトレーディングスキルも要求されるので、万人向けではありません。

ここでは誰にでも簡単に実践できて高勝率、しかも低ボラティリティの手法として「公募割れREIT」をご紹介しました。『聖闘士星矢』のキャラクターで喩《たと》えると、フェニックス一輝《いっき》が蘇るように、公募割れしたREITはその後に戻す傾向があります。

銘柄名	初値騰落率	上場後初日安値	翌月末の終値	騰落率
日本リテールファンド投資法人	-4.3%	440,000	466,000	5.91%
オリックス不動産投資法人	-3.8%	496,000	501,000	1.01%
グローバル・ワン不動産投資法人	-2.9%	494,000	515,000	4.25%
FCレジデンシャル投資法人	-6.3%	405,000	435,000	7.41%
DAオフィス投資法人	-3.9%	446,000	493,000	10.54%
大和ハウス・レジデンシャル投資法人	-10.0%	440,000	477,000	8.41%
日本ホテルファンド投資法人	-4.2%	445,000	468,000	5.17%
リプラス・レジデンシャル投資法人	-6.7%	396,000	413,000	4.29%
MCUBS MidCity投資法人	-3.5%	487,000	513,000	5.34%
産業ファンド投資法人	-4.2%	457,000	479,000	4.81%
ケネディクス・レジデンシャル投資法人	-4.1%	180,300	178,000	-1.28%
アクティビア・プロパティーズ投資法人	-3.3%	442,000	466,000	5.43%
野村不動産マスターファンド投資法人	-3.3%	93,800	97,100	3.52%
SIA不動産投資法人	-4.7%	411,500	422,500	2.67%
サムティ・レジデンシャル投資法人	-2.9%	98,300	96,700	-1.63%
ジャパン・シニアリビング投資法人	-10.5%	169,000	177,400	4.97%
いちごホテルリート投資法人	-1.8%	103,800	137,500	32.47%
スターアジア不動産投資法人	-0.9%	98,100	100,200	2.14%
マリモ地方創生リート投資法人	-3.8%	81,000	91,200	12.59%
大江戸温泉リート投資法人	-4.1%	83,300	90,500	8.64%
さくら総合リート投資法人	-13.2%	73,300	80,700	10.10%
投資法人みらい	-3.8%	163,300	172,800	5.82%
CREロジスティクスファンド投資法人	-5.0%	104,200	113,000	8.45%
ザイマックス・リート投資法人	-1.0%	104,000	115,800	11.35%
平均		22勝2敗		6.77%

	①			②		
銘柄名	初値	翌月末の終値	騰落率（対初日）	初日の終値	翌月末の終値	騰落率（対初日の終値）
〃	450,000	466,000	3.56%	449,000	466,000	3.79%
〃	500,000	501,000	0.20%	500,000	501,000	0.20%
〃	495,000	515,000	4.04%	501,000	515,000	2.79%
〃	445,000	435,000	-2.25%	426,000	435,000	2.11%
〃	495,000	493,000	-0.40%	458,000	493,000	7.64%
〃	450,000	477,000	6.00%	449,000	477,000	6.24%
〃	460,000	468,000	1.74%	447,000	468,000	4.70%
〃	420,000	413,000	-1.67%	411,000	413,000	0.49%
〃	492,000	513,000	4.27%	495,000	513,000	3.64%
〃	460,000	479,000	4.13%	475,000	479,000	0.84%
〃	182,300	178,000	-2.36%	181,000	178,000	-1.66%
〃	445,000	466,000	4.72%	443,500	466,000	5.07%
〃	96,700	97,100	0.41%	93,800	97,100	3.52%
〃	429,000	422,500	-1.52%	435,000	422,500	-2.87%
〃	99,000	96,700	-2.32%	98,300	96,700	-1.63%
〃	170,000	177,400	4.35%	173,500	177,400	2.25%
〃	104,100	137,500	32.08%	109,200	137,500	25.92%
〃	99,100	100,200	1.11%	98,300	100,200	1.93%
〃	88,500	91,200	3.05%	81,500	91,200	11.90%
〃	89,200	90,500	1.46%	83,600	90,500	8.25%
〃	79,000	80,700	2.15%	79,200	80,700	1.89%
〃	176,000	172,800	-1.82%	168,000	172,800	2.86%
〃	104,500	113,000	8.13%	110,000	113,000	2.73%
〃	104,000	115,800	11.35%	107,900	115,800	7.32%
平均	17勝7敗		3.35%	21勝3敗		4.16%

ペガサスりゅうせいけーん！

残念。それは、星矢《せいや》の技。

ほうおうげんまけーん！

知ってんのかい！

ええっと、何の話でしたっけ…そうそう、ただし、この本で赤裸々に具体的手法を公開したことで、多くの方・組織が同じことをやり始めると、公募割れＲＥＩＴの終値で成り行き買いが大量に入るようになり、初日の終値が高騰して有効性が低下する可能性があります。

その場合は引成注文ではなく、その少し前に買うのが有効になる可能性はあり、データのブラッシュアップ、傾向の変化の分析は重要になります。

第5章

たった2ヶ月で爆益！
「TOB」狙いの投資

ストップ高も想定内！　TOBで美味しすぎるリターン

株式市場においては、TOB（株式公開買付け）というイベントが発生する時があります。「買付け期間・買取り株数・価格」を対外的に公告して、不特定多数の株主から株式市場外で株式等を買い集める制度です。

企業、投資ファンド、特別目的会社などが、主に企業買収や子会社化など対象企業の経営権の取得を目的に実施することが多いイベントです。市場に流通する自社株式（自己株式）を購入する際に利用されることもあります。

TOBが実施されると、買い付けられる方の企業の株価は大きく上昇することが多いです。購入する側の株価が上がるか否かはケース・バイ・ケースです。

TOBは期間内に予定の株数を購入できるまで行われます。仮に予定株数が集まらなかった場合、TOBを取り消すことも可能です。

TOBを大別すると友好的TOBと敵対的TOBの2種類があります。友好的なTOB

は株式を買われる側の賛同を得たうえで、経営権を取得することを企図して行われるＴＯＢです。ＴＯＢ価格は直近の一定期間の株価にプレミアムをつけた穏当な価格になりやすいです。

敵対的なＴＯＢとは買収される側の賛同なしに一方的にＴＯＢを実施することです。敵対的買収は堀江貴文氏（ホリエモン）がいた時のライブドア対フジテレビ、村上ファンドＶＳ阪神電鉄、楽天対ＴＢＳなどの騒動で知名度が上昇しました。

あったあった。ホリエモンVSフジテレビみたいで楽しかったわ

ＴＯＢを行う側は強引に経営権を獲得するために、ＴＯＢ価格を高めに設定することもあります。また、ターゲットとされた会社側も何らかの対抗措置を取ることがあります。

ＴＯＢが行われると、１５００円や３０００円といった買い付け価格が公示されます。現在の取引価格よりもＴＯＢ価格が高いと、公開買付け価格にサヤ寄せされるように株価が急上昇することが多いです。

買い付け価格が株価よりも非常に高い場合は、株価がストップ高になることも多々あります。もともと株式を保有していた人にとってはラッキーな利益となります。

ＴＯＢは個人投資家の株式投資においても有意義なイベントであり、ＴＯＢが見込まれる銘柄への投資で収益の獲得を期待することが可能です。

クレカ会社ポケットカードへのTOBで株価急騰

２０１７年８月３日には、伊藤忠とユニー・ファミリーマートホールディングスが、ポケットカード（８５１９）へＴＯＢを実施して、全株式を取得して株式の非公開化を目指すことを発表しました。

ポケットカードはファミリーマート系のクレジットカード会社で、ファミリーマートで高還元となるファミマＴカードを発行しています。

また、年会費無料でカード利用額の１％がキャッシュバックされる「Ｐ-ｏｎｅカード＜Ｓｔａｎｄａｒｄ＞」、リボ専用カードですが初回の手数料は無料なので全額一括払いならコスト０で約１・５％還元となる「Ｐ-ｏｎｅＷｉｚ」が人気を博しています。

ポケットカードの３ヶ年の中期経営計画においては、①ファミマＴカード事業のさらなる強化、②既存事業の安定的拡大、③サービス＆オペレーションの競争力強化、④持続的成長を実現するための体制強化の４点が重点課題に定められました。

クレジットカードの未来って明るいイメージよね

伸びるイメージありますよね。

クレジットカード業界は、カード決済範囲の拡大及びＥコマースの成長等による市場規模の拡大が進むことが期待されます。

また２０２０年の東京オリンピック・パラリンピックに向け官民共同でキャッシュレス化が促進される等、継続的な成長が見込まれており、かつ経営上の課題となっていた利息返還請求も沈静化の兆しが見えてきていました。

他方、金融制度の規制緩和に伴い、クレジットカード業界は、業態の垣根を越えた合併や銀行との業務提携、異業種からの参入等、業界再編が急速に進展していました。

また、金融分野の技術革新のスピードは速く、非接触決済サービス、ドングル型の決済端末等、様々な取り組みが進められており、少子高齢化に伴う国内市場の縮小等も相まって、業界内の競争環境は今後厳しさを増していくことが予想されていました。

伸びシロあるからこそ、競争も激しい

こうした情勢下、ポケットカードは、親会社の伊藤忠商事・ファミリーマートとの連携強化により独創的な商品・サービスを提供する体制をいち早く構築し、既存の成長モデルを越えてビジネスを発展していくことが重要な課題でした。

そして、伊藤忠・ユニー・ファミリーマートＨＤは、グループの様なバリューチェーン

ポケットカードの株価

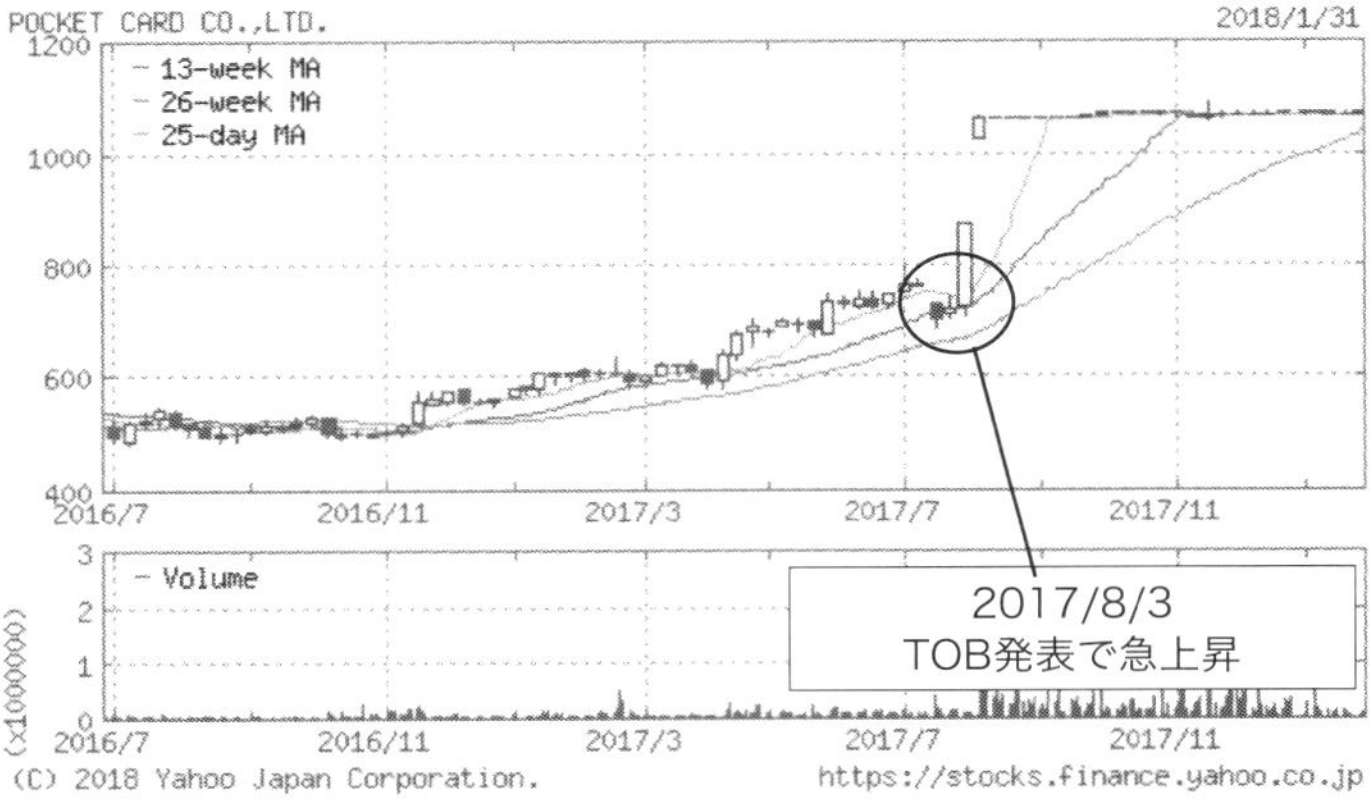

を活用した会員獲得や業務面での継続した協力による企業価値の増大、収益力の強化、金融ビジネスや事業運営のノウハウの融合、国内のファミリーマート店舗網を活用した相乗強化などのために、ポケットカードの完全子会社化&上場廃止を決断して、TOBを発表しました。

株価も高騰しているわね

フィンテックや情報通信分野に強みを持つ企業の金融事業への参入が進展しているクレジットカード業界において、ポケットカードが独創的な商品・サービスを提供する体制を構築して、スピーディーに成長戦略を持って実行して、更なる企業価値の向上を目指すために、迅速かつ機動的な意思決定を行い得る経営体制

を構築することが企図されました

ポケットカードの株価は、伊藤忠・ユニー・ファミマＨＤによるＴＯＢ発表後すぐに急騰してＴＯＢ価格にサヤ寄せする（値段の開きが縮まる）形になりました。

ポケットカード→ＵＣＳはオープンリーチ並に読めた！

ユニー・ファミリーマートホールディングスの傘下には、ポケットカードのほかにＵＣＳカードというクレジットカード会社がありました。ポケットカードはファミリーマート系のカード会社で、ＵＣＳカードはユニー系のカード会社です。

ＵＣＳカードはアピタ・ピアゴでお得になるクレジットカードや、ＵＣＳカード（マイメロディ）やＵＣＳドラゴンズカードなどのコラボカード、ハイエンドのＵＣＳゴールドカードまで幅広いクレジットカードを発行しています。また、電子マネーのユニコも運営しています。

「迅速かつ機動的な意思決定を行い得る経営体制の構築」「親会社の伊藤忠商事・ファミリーマートとの連携・相乗強化」といったＴＯＢで掲げられた趣旨は、ポケットカードだけではなくＵＣＳにもそっくりそのまま該当しました。

次はＵＣＳ…というのは、容易に想定できたシーンでした。実際にＵＣＳの株価はポケットカードのＴＯＢ発表後に約＋20％と急騰しました。その後は急反落した後に一進一退の状況が続き、大局的には右肩上がりの傾向で推移しました。

ポケットカードの次はしばらく経過してＵＣＳのＴＯＢが来るというのは、麻雀でいうところのオープンリーチ（自分の手牌を他家に晒すことで成立するローカル役）のように、一目瞭然で可能な想定でした。

なら、勝負に出るべきね

しかし、ＵＣＳはもともと流動性に難がある銘柄で、まとまった資金を投入するのはリスクが高い銘柄でした。ほぼ個人投資家の専売特許という銘柄であり、ヘッジファンド等が腰を据えた買いを入れるのは難しい銘柄でした。

そうしたことから、株価急騰後に調整を経てからの株価推移は極めてマイルドでした。ＵＣＳは低ＰＢＲ・低ＰＥＲのバリュー銘柄でもあり、ＴＯＢの可能性に鑑みると割安感が高いと考えていました。

お買い得感が半端ない、と

もっとも、2017年後半には解散総選挙が取り沙汰される状況で、解散から選挙日までは日経平均ロングの勝率が高いアノマリーがあったことから、2017年9月～10月はこの投資に集中しました。日経平均買いはいくらでも資金がつぎ込めて流動性に不安がないので、ありったけの資金を投入しました。

UCSは2017年9月下旬をピークに調整局面に突入して、短期的な下落トレンドが続いていました。

私は「原則として下落途中には買わない」というルールを設けており、購入するのは株価が上昇トレンドの銘柄が基本です。

しばし様子を見ていたものの、UCSは2月末に年1回の株主優待を実施しているので、2～3ヶ月前に買うと株主優待の権利確定日に向けて、株価が上昇していくことも期待できました。第3章で解説した「株主優待先回り」が当てはまる典型例であり、優待先回りの簡単な株価上昇も期待できる銘柄でした。このように、イベント投資が重なると、爆益を得るチャンスが訪れます。

TOBの期待、株主優待の権利確定日に向けて株主優待先回りといったイベントがあり、かつ低PBR・低PERでベンジャミン・グレアムの言うところの「安全域」も確保されており、下値余地も小さいと考えて、流動性の低さ以外では低リスク・ハイリターンが期待できると考えていました。

「11月〜12月頃に株価の下落が止まったら買おう」と待ち構えており、11月をボトムに下げ止まって反発したような株価推移になったので、数度に分けて12月に購入しました。ちょうど平均購入単価は1400円前後でした。

2017年の冬に取材を受けて掲載された『Yen SPA! 2018年冬号（日経平均3万円時代の勝ちきり方！）』では、勝負銘柄の一つとしてUCSを挙げました。

イベントが重なったときは「確変的」爆益チャンス

購入後は2月末の権利確定日前にTOB発表がなければ、優待がある1000株を除いて利益確定しようとしていたところ、2018年2月6日にユニー・ファミマHDの小会社であるユニーが、無事にUCSを株式交換で完全子会社化すると発表しました。

日課となっているTDnetでの適時開示情報のチェックを実施していたところ、「当社連結子会社による株式会社UCS（8787）の株式交換による完全子会社化に関するお知らせ」というリリースを発見した時には思わずガッツポーズしました。

「Yen　SPA！」での予想は大当たりでした！

UCSは、「株主優待先回り」、「TOB狙い」
とイベントが重なったことに加えて、
低PBR、低PERだったのでおすすめしました

事情を知らない人が見たら要注意人物よ（笑）

ＵＣＳの普通株式１株につき１８３０円で金銭を交付する流れとなり、１８３０円での全株買い取りのＴＯＢとほぼ同様の経済効果がありました。

ユニーとＵＣＳの経営資源・情報を活用した双方の顧客基盤の拡大、各会社が有するノウハウ・情報等を融合した新たなロイヤルカスタマープログラムの検討やポイント等を通じたマーケティング施策の強化、技術革新を見据えた中長期的な金融サービスの強化、電子マネー・クレジット・ポイント・ＩＤ等を含めた金融サービス・マーケティング分野での協業の促進などが掲げられました。

発表後は、１８３０円に限りなくサヤ寄せする格好で急上昇して、ホルダー大勝利となりました。

あとはユニーの株式交換に応募して１８３０円で換金されるのも選択肢の一つですし、早めにキャッシュがほしい場合は、少々のディスカウントを許容して市場で売却するという選択肢もありました。

贅沢な悩みね

ＴＯＢというイベントを利用することで、たったの２ヶ月で大きな収益を獲得できた事

UCSの株価は実質TOB価格に限りなくサヤ寄せした

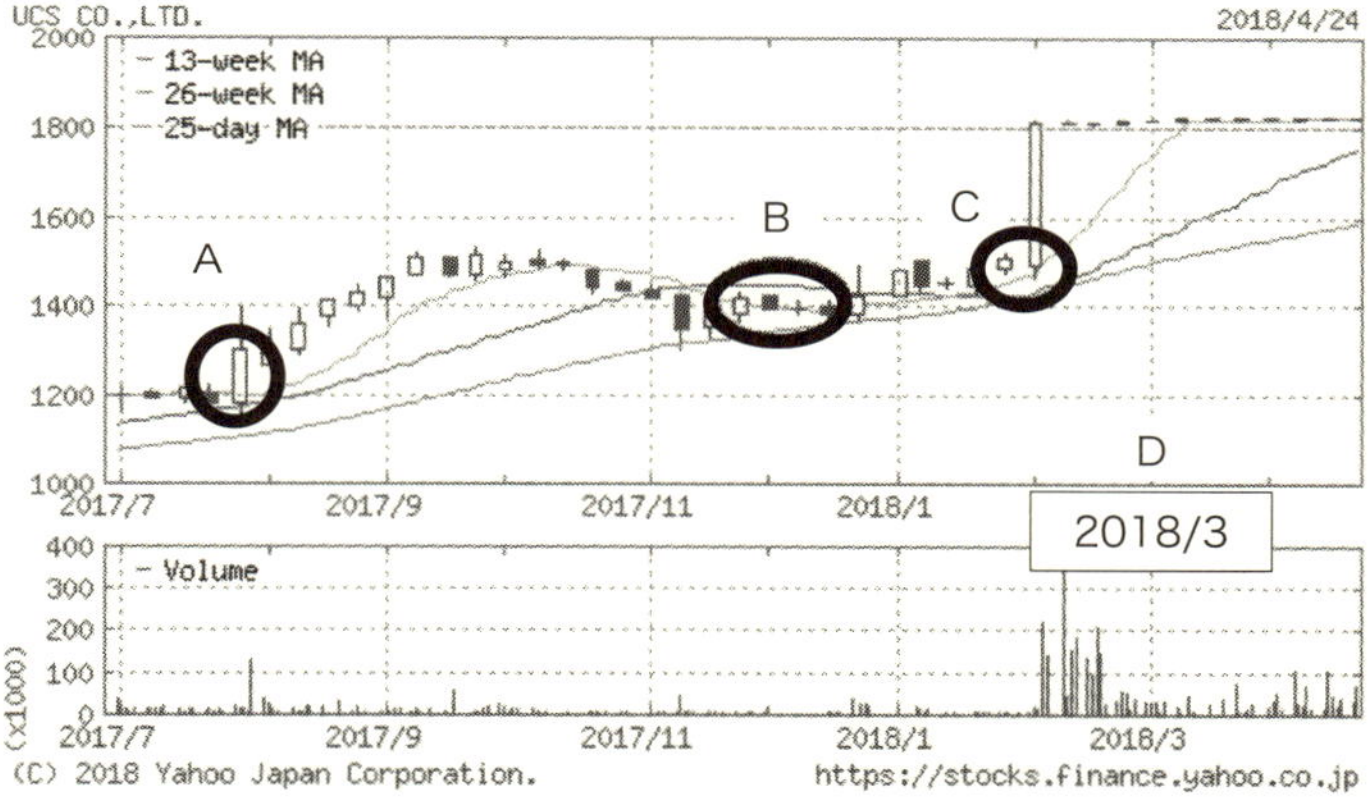

Ａの時点で、ポケットカードのTOBで
UCSのTOBも連想され上昇。
Ｂで、下げ止まり＆反発したカタチになったので
数度に分けて購入しました。
Ｄの２月末以降、年１回の株主優待の権利確定日
により下落が予想されたため、
「TOBがなかったら1000株残して売却」と
思っていたら…
Ｃの2018/2/6に「待ってました」のTOB発表。
ストップ高となりました！

例となります。ポケットカード→ＵＣＳという連想が可能で、ユニー・ファミリーマートホールディングスのＵＣＳに対するＴＯＢのように、特別な知識や経験がなくてもニュースを見ていれば予測できるケースがあります。

しかもＵＣＳの場合は年１回の株主優待を実施しており、権利確定日の２月末に向けた上昇が期待でき、かつＰＢＲ等の指標面でも割安感がありました。

このように**いくつかのイベントが複合して期待値が高くなり、かつ指標面で割安で下値不安も限定的**というケースがあります。このような株式が出現したらベットするとリターンの獲得が期待できます。

ジャンジャンバリバリの確率変動に入るわけね。激アツ！

パチンコ好きなんだね…ＴＯＢというイベントに着目してアンテナを張っていると、アクティブリターンの獲得に着実に近づくことが可能になります。

自分が詳しい業界なら、なおさらチャンスがありそうね

第6章

日はまた昇る！
「不祥事株」の復活で驚異的に稼ぐ

イエローカードレベルの不祥事銘柄を狙う!

上場企業に商品の欠陥・回収、品質偽装・表示違反、粉飾決算、環境汚損などの不祥事が勃発して大きく株価が下落することがあります。この不祥事というイベントは投資機会となるケースがあります。狙いは致命的な不祥事ではない場合です。

レッドカードではなく、イエローの警告レベルということね

そういう大きく株価が下落した銘柄のリバウンドを狙う投資手法です。上場廃止や倒産というリスクがあるものの、成功すれば短期間で大きな利益を獲得することが可能です。社会的に大きなニュースとなるような不祥事が勃発すると、上場企業の場合は株価が大きく下落するのが通例です。

まあ売りたくなるわよね

そのまま上場廃止となるケースもあるものの、不祥事勃発直後の暴落が底となり、結果的にその局面で買っていれば大きなリターンが出るケースも散見されます。たとえば、次のような不祥事です。

・不適切会計のビックカメラ
・店員の客に対する犯罪が発生したペッパーフードサービス
・ジェットコースターで死亡事故が発生した東京ドーム
・不適切会計のオリンパス
・異物混入があった日本マクドナルドホールディングス
・不適切会計のバリューＨＲ

もちろん中にはタカタ等の上場廃止に至る「致命的な不祥事」もあるので、再発防止や時間の経過によって元に戻るレベルの不祥事なのか、そこを見極めるのが重要になります。業績に致命的な悪影響が及ぶか否か、上場廃止に至るか否か、新たな悪材料が出るか否か等に注視しつつ、底入れするか、チャートが底打ちして反発してきたらエントリーするか、を検討します。

ＥＳＧ投資の観点で、粉飾の疑惑、死亡・傷害事故、製品に対する欠陥・瑕疵、組織ぐるみの規範逸脱などの不祥事が生じた銘柄は機械的に売る、というルールの大口投資家も数多くいると言われています。不祥事銘柄にはこうした大口投資家の売りが断続的に入り、短期的に株価が大きく下落する可能性があります。

大口投資家は、ルールとして売らないといけないのね

一時的事故にとどまるか、それとも悪影響が拡大するかの判断は難しく、難易度は高いものの、大きなキャピタルゲイン獲得の可能性もあることからダイナミズムがあります。

株価は具体的にどういう経過をたどるのかしら？

大きな不祥事が発覚した場合、まずは株価が大きく下落することが多いです。まずは「パニック売り」が生じて、ストップ安が数日間に渡って続くこともあります。通常の投資尺度では考えられない水準まで売り込まれることもあります。

売りが売りを呼ぶ大暴落ね

しかし、「止まない雨はない」ように、どこかのタイミングで株価下落が止まって反発する局面が訪れることが多いです。

ベッキーもまたテレビに出てるしね

あはは、そうだね。暴落した株価の底値がどこになるのかの手掛かりは、究極的には業績への影響となります。株価が割安だと判断した投資家の買いが入ると需給バランスが買

い方優勢となり、株価が底を打ちます。

「業績への影響」はどの時点で判断するのかしら？

たとえば、会社側が業績に及ぼす影響を公表することで、株価下落が停止して反発する契機になることもあります。一例として、日産自動車が２０１７年９月29日に無資格者が自動車の完成検査をしていたと発表すると、翌営業日の10月２日には一時マイナス５％まで大きく株価は下落しました。

しかし、同日夕方の記者会見において、完成車のリコール（回収・無償修理）で発生する費用が当時の試算で２５０億円以上と発表されると、翌営業日に株価は一旦下げ止まりました。

２５０億円ってすごい打撃だと思うけど…

確かにそうです。でも、株式投資家が強く嫌気する状況の一つは、何が起こるのかわからない不透明性です。悪材料・マイナス要因の発表でも、それで不透明感が払拭された場合は、「**悪材料出尽くし**」となり、大きく株価が上昇することがあります。

隠すほうが悪手だったりするのね

特に業績や上場維持への不透明感が強く、発表された材料をファンダメンタルズからみて、大幅に割安な水準まで株価が下落していた場合は、割安訂正が生じることがあります。業績への影響が明確になると、不透明感の欠如から最悪の事態を想定してオーバーシュートしていた株価が修正される局面に入ります。

とはいえ、追加で不祥事が続々と生じた場合、一時的な反発後に再度下落することもあります。

投資家からしたら不祥事の「小出し」はたまらないわね

あくまで本業が順調でそれに対する影響度が小さい場合は妙味が出る好機となります。

本業への影響が軽い「不適切な会計処理」で夢の10倍株

ビックカメラは2002年に池袋本店などを不動産証券化して、信託受益権を約290億円で有限会社山三マネジメントに売却しました。それを2007年に買い戻した際の清算金について、2008年2月中間決算で約49億円の利益を計上しました。

山三マネジメントの２９０億円の調達のうち14億５０００万円が、ビックカメラからの劣後匿名組合出資で、山三マネジメントの全持分を有するケイマン諸島のＳＰＣは、ビックカメラがすべての無議決権優先株式を保有していました。ビックカメラのリスク負担額は約５％で、ビックカメラの売却取引として会計処理されていました。

しかし、２９０億円のうち75億５０００万円が株式会社豊島企画からの優先匿名組合出資でした。豊島企画の出資はビックカメラ関連会社の東京企画の保有現金から実質的になされたもので、会計処理においては東京企画からビックカメラ創業者の新井氏への貸付金として処理されていました。

また、山三マネジメントに豊島企画が出資した75億５０００万円については、新井氏が保有するビックカメラ株式を担保として借り入れたお金で充当されました。

えとえと、難しいわね、つまり…

つまり、豊島企画は実質的には新井氏が支配する会社で、「ビックカメラの子会社に当たる」と考えられたのです。

あー、子どもから金もらって、「家計がホクホク」とは言い難いわね

以上のことから、山三マネジメントにおけるビックカメラのリスク負担額は約31％であ

り、信託受益権の売却はビックカメラからの金融取引として処理する必要があり、虚偽記載ではないかと問題になりました。

ビックカメラの会計処理問題が浮上した後、東京証券取引所はビックカメラの株式（３０４８）を監理銘柄に指定しました。

監理銘柄って何？

上場企業が上場廃止基準に該当する可能性がある場合は、証券取引所はその銘柄を一定期間、監理銘柄に指定します。上場廃止が決まると証券取引所での売買が不可能となるので、事前にその可能性を投資家に周知するのが主な目的です。監理銘柄に指定された後に上場廃止基準に該当する恐れがなくなれば、監理銘柄の指定が解除されて、再び通常の銘柄として取引されるようになります。

ふーん、上場企業が起訴中の被告人状態になるのね

これを受けてビックカメラは、２００９年2月20日に7期分の過年度決算を修正しました。さらに経営責任を取って新井氏が会長を辞職しました。

証券取引等監視委員会はビックカメラと新井元会長に対して、課徴金の納付命令を行うように金融庁に勧告したものの、金融庁は新井元会長については違反事実がないという決定を行いました。

その後、東京証券取引所は２００９年３月に「訂正内容は重要ではあるものの、その影響が重大であるとまでは認められない」として、ビックカメラの監理銘柄指定を解除して、無事に東証一部の上場は維持されました。

上場維持の観測が広がってからストップ高連発となり、その後は一時的な下落を経て、株は長期上昇トレンド（次ページ）となりました。

私はビックカメラの株式を購入してその後ほとんど売却して、現在は優待単元株の１００株だけをホールドしています。ビックカメラの虚偽記載は問題があるものの、本業への影響は軽微だと判断しました。

それはどうして?

本業の家電、その他の物品販売で問題があったわけではなく、不祥事があったのは複雑な会計処理です。確かに会計不祥事のニュースが流れると企業イメージに悪影響が及びます。

しかし、このニュースを聞いた顧客がマイナスイメージを抱いたとしても、だからといって「今後ビックカメラでは買わない」ってまつ子ちゃんなら思う?

ビックカメラは不祥事後の暴落のあと上昇トレンドに！

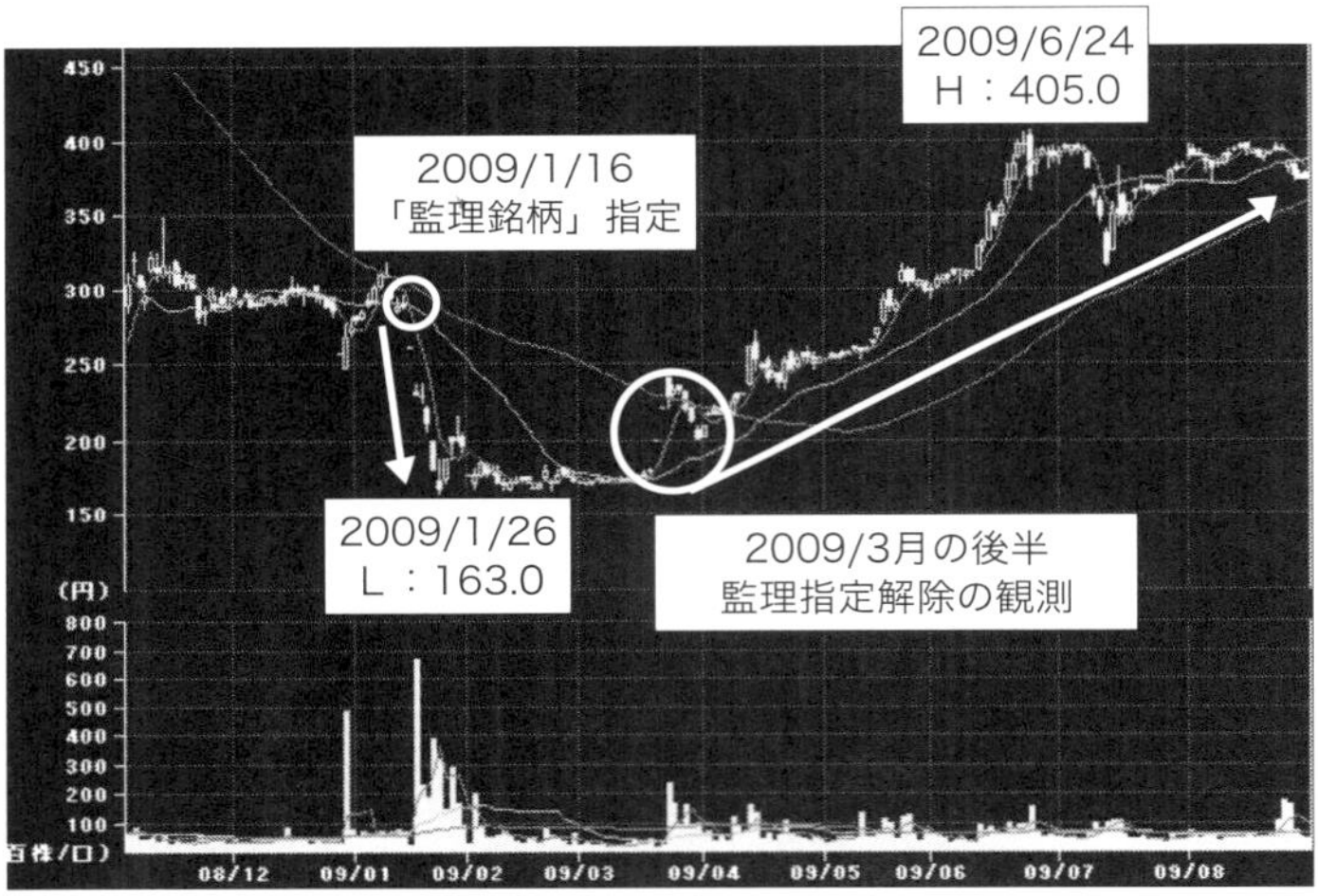

※楽天証券マーケットスピードより

粉飾決算は、庶民の購買行動に対して
影響を与えないという「日常的な感覚」と、
過去の粉飾決算で、上場廃止になった銘柄との
「比較分析」によって、私は
「ビックカメラの日はまた昇る！」と
判断しました

うーん、それはない。ポイント使わないとソンだし

家や勤務先の近くにビックカメラがあったら便利ですし、かつ家電以外にも多様なアイテムがある店舗もあり、ポイントの使い勝手は幾多の家電量販店の中でも抜群に良好です。この不祥事が業績に及ぼす影響は軽微だと考えて、後は粉飾決算として上場廃止に至るか否かの判断でした。

この点、過去に粉飾決算で上場廃止になった銘柄との比較、東証の思考・行動様式に鑑《かんが》みると、ビックカメラの会計処理の誤りを理由に、東証が上場廃止に追い込む可能性は高くないと判断しました。

また、仮に上場廃止となったとしても、ビックカメラは個人顧客相手のリテール商売を展開していることから、個人も多い既存株主に致命的な悪影響を及ぼすようなファイナンスを行うリスクは小さいと考えました。

最悪、上場廃止になっても紙くずとかにはならない、と

それなりの金額での現金化、もしくは潜伏期間を経ての再上場が期待できると考えました。

以上のことから2009年1月のビックカメラの虚偽記載という不祥事事件は買いのチ

ャンスであると捉えました。実際にここは絶好の買い場となり、その後は大きく株価が上昇してなんとテンバガーを達成しました。

おお、夢の10倍株！

本業に影響が皆無もしくは軽微と推察できる会計処理の不祥事で、上場廃止に至るような粉飾ではない場合、買いのチャンスとなることが大きいと考えています。

ＥＳＧの観点で会計不祥事銘柄は無条件で売りというルールに基づいて、機械的に売買している大口投資家の売りが嵩んで、株価が暴落したところで買いを入れられるのは、**自己責任で機敏に売買できる個人投資家ならではのエッジ・優位性**です。

個人投資家の独壇場になるのね！

中には監理銘柄入りで安く投げ売りして、解除されてほとぼりが冷めた後に高く買い戻した大口投資家もいるかもしれません。このようなことはなく、その逆を行けるのが個人投資家のメリットです。

ビックカメラと同様に会計処理の不祥事で株価が大きく下落したところで購入して、その後の大きな株価上昇でキャピタルゲインを獲得した銘柄としてバリューＨＲがあります。

不祥事から10倍株を達成したビックカメラ

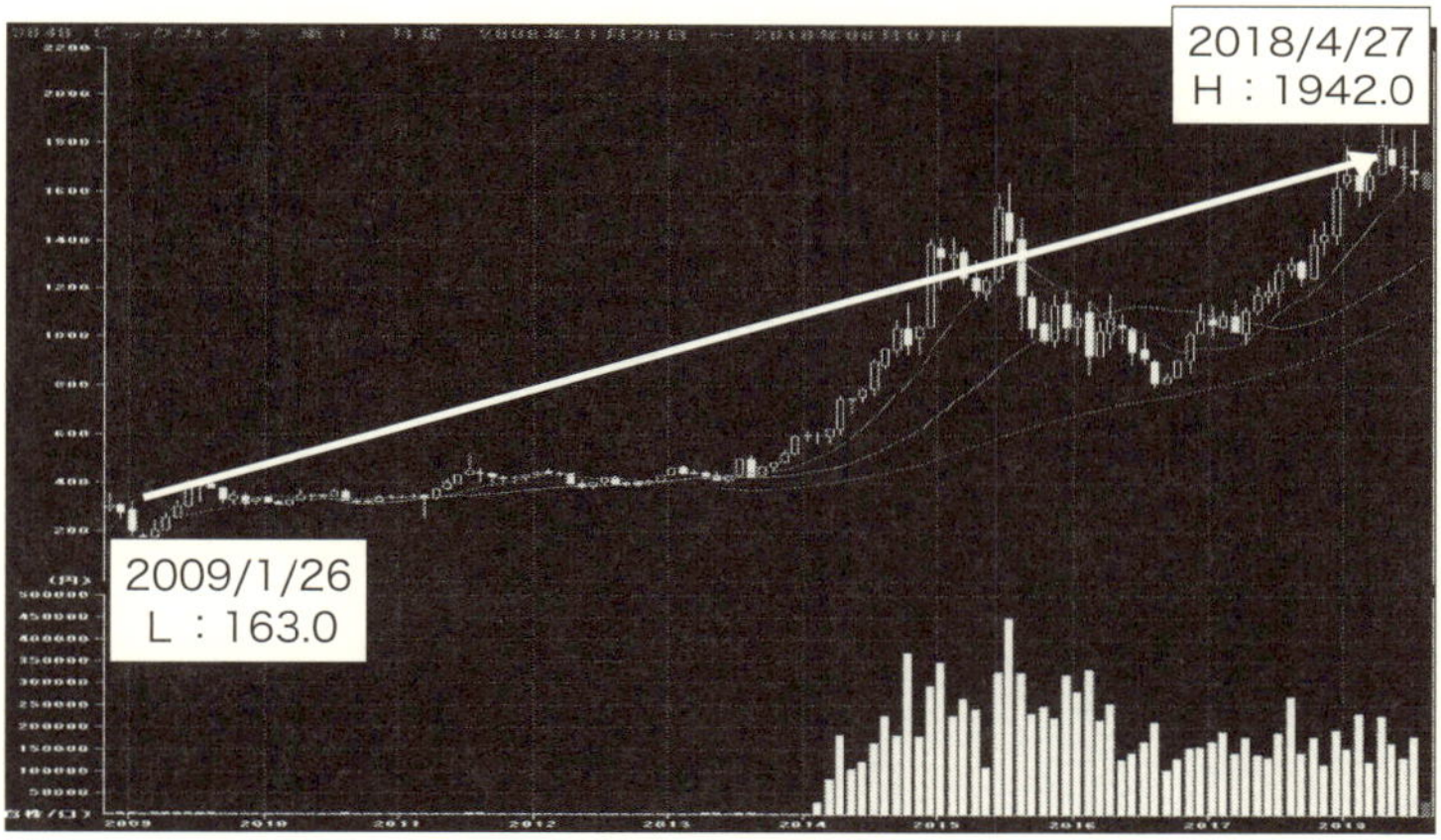

不適切会計のバリューHRも大幅下落後、5倍に！

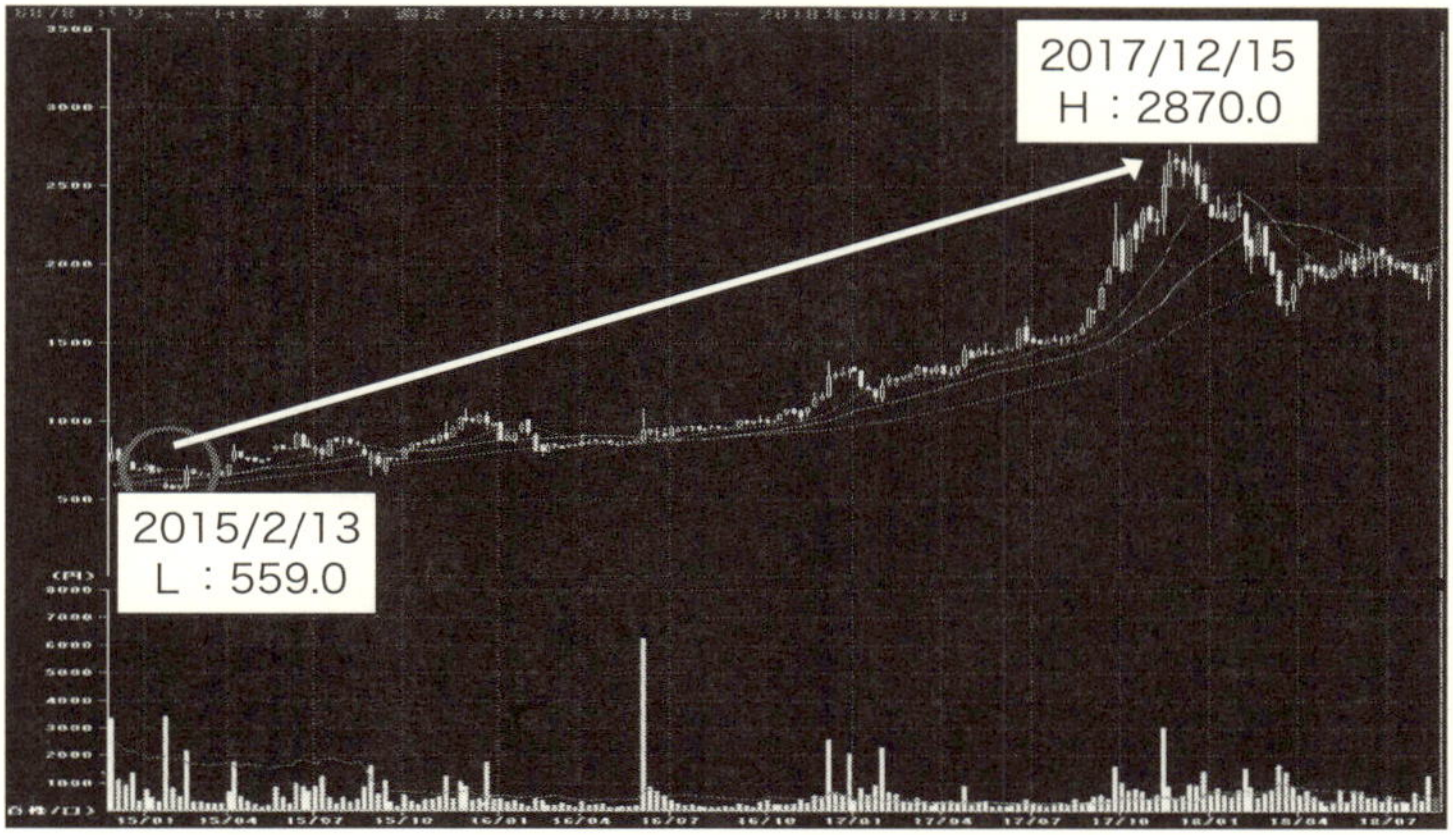

※楽天証券マーケットスピードより

２０１５年１月、子会社が架空の売上及び仕入れ計上を行ったという不適切会計が発覚しました。しかし、東日本大震災後に業績が低迷した時期に数字作りのために行った粉飾で、金額面もマイルドな水準だったことから、本業に及ぶ影響は軽微でした。

実際に一時的に株価は大幅に下落したものの、調整は短くその後は再び力強い上昇トレンドとなり、株価は底値から５倍以上まで上昇しました。

うーん、リスクの高さを補って余りあるリターンかも

タカタなど本業に直撃する不祥事に関しては、それが及ぼす影響を冷静に判断して底値で買いを入れるのは難易度が高いです。

しかし、ビックカメラやバリューＨＲなどのように会計不祥事で上場廃止に至る可能性は高くないと判断でき、かつ本業への影響が軽微と判断できる場合は、「明けない夜はない」ことにベットするのも選択肢の一つです。

オリンパスならカメラ製品や消化器内視鏡の不祥事とかだと、よりリスキーになるのね

そういうことです。もちろん、粉飾決算＝買い、というわけではないのですが、「不祥事株」を狙うときの１つの判断基準にしていただければ、と思います。

第7章

価格に歪みが残っている「中小型株」は宝の山

大口投資家の参入がない小型株は個人投資家の狙い目

本章ではイベント投資と直接関係ないですが、「中小型株は、個人投資家において妙味がある」というお話をしようと思います。株式市場における理論的に説明できない相場のアノマリー（経験則）として、「小型株効果」の存在が長らく提唱されています。**企業規模が小さい企業の株価の騰落率が、大きい企業のパフォーマンスを相対的に上回り続けている現象**です。

小さい企業の株のほうが儲けやすいってこと？

株式投資に関する名著と評されている『株式投資　第4版』（ジェレミー・シーゲル著）においても、「CAPMでリスクを調整したあとでも、小型株の利回りが大型株を常に上回る」「小型株の利回りが大型株よりも高くなるという現象は、バラツキはあるが長期にわたり存続してきており、効率的市場仮説の観点からは説明が難しい」とされています。

えと、「効率的市場仮説」って何かしら？

効率的市場仮説というのは、「現在の株価は、将来も含め、あらゆる情報が瞬時に織り込まれる」とする理論です。

だから「個人投資家ごときが、掘り出し物の株は発見できない」と言いたいのね

そうです。ＣＡＰＭとは資本資産評価モデルの略語であり、ウィリアム・シャープ氏が創案した投資戦略におけるモダンポートフォリオ理論です。株式市場が効率的であるのなら、各銘柄の時価総額比率からなるポートフォリオが、リスク・リターンの観点から効率的である旨の理論です。

投資でいうなら、投資先の半分は世界の富の半分が集まる米国株指数が効率的となるわけね

超ざっくりいうとそんな感じです。さて、証券アナリストジャーナル（２００６年7月）に掲載されていた「小型株効果と企業規模」という論文では、「少なくともわが国においては割安株効果と小型株効果という二つのアノマリーが確認され、小型株効果はＢｅｒｋ（１９９７）で主張された時価総額効果ではない、純粋な企業規模効果としても存在するということが示唆されたと言える」と論述されています。これは米国だけではなく、日本にも該当しています。

小型株効果は一般的には時価総額をファクターに分類された小型株を対象としています

が、この論文では割安株効果を考慮すると、時価総額だけではなく、資本・売上の指標を利用した際にも、小型株効果があったと確認されています。

やはりもっとも強い小型株効果があったのは時価総額ですけれども、資本・売上に基づいても一定の小型株効果が確認されています。

小型株に属する企業は、大企業と比較すると相対的に倒産リスクが大きいため、信用リスクに関するリスクプレミアムがあることから、結果的に大きなリスクに見合ったリターンを獲得できる傾向にあります。

「リスクに見合ったリターンを獲得できる」ってどういう意味？

この場合のリスクは「標準偏差」というか、ざっくりいうと、「値幅が下に振れて大損する可能性と同じくらい、上に振れて大儲けできちゃうかもね」という意味です。

「値幅」みたいなもの？

そういうイメージでＯＫです。小型株は運用資金が大きい機関投資家やヘッジファンドはもちろん、大口個人投資家もまとまった資金を投じられないこと、裁定を行うには高コストであること等によって、大型株よりも歪みや妙味が残っています。流動性リスクを背負う代償として超過リターンを獲得できる傾向にあります。

大型株は幾多の機関投資家、ヘッジファンドが参戦していますし、膨大な人数のアナリストがカバーして情報量が多く、注目が集まっています。そのような状況の大型株と比較すると、**小型株は市場での注目度が低いため割安に放置されることが多い**です。

注目度が低い分、小型株は正当に評価されてないことが多いわけね

また、業績の変化率・成長率は大型株よりも小型株が大きくなりやすいです。アメリカや日本、欧州などの先進国よりも、インドやブラジル、南アフリカ等の新興国の方が成長率は高い傾向にあるのと同一です。

上昇相場ではだいたい大型株より小型株のリターンが高い

大阪市立大学の『経営研究　第68巻　第4号』によると、小型株群が大型株のリターンをアウトパフォームするか否かは、時期によって変動しています。小型株効果が有効なのは、概ね株価上昇トレンドの時期となっています。大型株が小型株よりも有意にリターンが高い時期は、下落トレンドにおいて観察されています。

小型株群がランダム・ウォーク的な市場状態からの乖離度がもっとも高く、外的刺激の影響を受けやすい状態が小型株特有の非線形的な値動きにつながり、小型株効果に影響が及んでいます。

ランダム・ウォークは「金融商品の値動きに法則性なんてない」とする理論よね

そうです！　そう考えると、小型株は流動性が低いので、上昇相場で買いが入ると大型株よりも大幅に上昇しやすく、下落相場で投げ売りが生じると大型株よりも大幅に下落するリスクがある状態といえます。

また、決算が予想とブレることは、多数のアナリストがカバーしている大型株よりも中小型株によくあります。業績の変化が株価に織り込まれておらず、ストップ高やストップ安などの激しい値動きにつながる傾向があります。

そのような**低い流動性、高いボラティリティを背負う代償として、歴史的に見て高いパフォーマンスを発揮**しています。

そういう意味でも個人投資家向きなのかしら

そう言えるでしょう。一般的には運用資金が増えれば増えるほど、歴史的に高いパフォーマンスを発揮している中小型株に資金の大きな割合を投じることが難しくなります。

また、マーケットインパクトが大きくなって機動的な売買ができなくなり、かつ資産の変動が大きくなって精神的重圧も増加することから、高いパフォーマンスを維持するのは難しくなります。

儲けも損も大きくなったら、平静でいるのは難しいものね

資金が２００万円の段階での＋１００％と、２億円ある状態での＋１００％は、後者の方が圧倒的に難しいのが一般的です。勝てば勝つほどに高いパフォーマンスを維持するのが苦しくなっていくのが標準的です。

200万を400万にするのと、2億を4億にするのは全然難易度が違うのね

もちろん中には、運用資金が大きくなってもなお高い実績を継続的に残している猛者もいらっしゃるので、あくまで一般論としての傾向です。

でもそういう人はレアケースでしょ

そうです。だから、資金がまだ数百万円といった段階の場合は、中小型株にフル投資できるのが、プロ投資家やヘッジファンド等にはない明確な強み・メリットといえます。

時価総額や売上・利益などが小さすぎて、大口投資家には購入が難しい銘柄や、需要が少ないことから手数料収入の観点でアナリストが調査できない小型株は、結果的に割安放置されていることが多いです。中小型株は大型株よりも割安な銘柄を見つける機会が豊富です。

あー、アナリストからしたら手数料的に美味しい銘柄じゃないのね

そういう観点から見ても、多くのアナリストが分析していて、流動性が高くて活発に取引されている大型株は、情報が織り込まれている度合いが強く、大口の投資家やヘッジファンドなど他の投資家に対して優位性を確保する難易度が高いです。

誰も見向きもしない中小型株にベットするのはなかなか難しいですが、スポットライトを避けて裏に張るのは、結果的に高いリターンをもたらすこともあります。

東証二部指数はTOPIXを年率で約7%上回っている

市場全体のデータを分析すると、大局的にも中小型株は大型株を大きく上回る傾向があります。中小型株が多い東証二部指数は、東証一部の銘柄を対象とする東証株価指数（T

ＯＰＩＸ）を上回る高パフォーマンスとなる年が多いです。

次ページのとおり、２０００年以降の18年間は12勝6敗となっており、勝利は約66・7％で3回に2回は東証二部指数がアウトパフォームしています。**18年間の累計では、なんと東証二部指数は＋122％もTOPIXを上回っています。**平均すると年＋6・8％です。投資信託やＥＴＦ等の幅広く分散した株式投資の場合、期待収益率（リスクプレミアム）は一般論としては5～7％と言われることが多いです。この数字に鑑みると、年率平均で＋6・8％のアウトパフォームという数字はエッジが効いている水準です。東証一部全体の株式をバイ&ホールドした場合と、東証二部全体をバイ&ホールドした場合、後者の方が圧倒的に大きなリターンを獲得できました。

えーっ、それは意外な事実ね。二部だから下に見てたわ

やはり運用資金が大きくない個人投資家が狙う株式としては、東証一部に上場しているトヨタやＮＴＴ、三菱ＵＦＪフィナンシャルグループ等の大型株よりも、東証二部や新興市場の中小型株の方に妙味があります。

東証二部銘柄ですと将来の東証一部昇格候補も潜んでいます。大型株と比較すると株価の値動きが激しい傾向にありますけれども、そのリスクを背負うだけのリターンは大いに期待できます。

ここ18年間、東証二部指数はTOPIXに12勝6敗

年	TOPIX	東証二部指数	二部指数-TOPIX
2000年	-25.5%	-25.8%	-0.3%
2001年	-19.6%	-12.1%	7.5%
2002年	-18.3%	-12.8%	5.5%
2003年	23.8%	43.9%	20.2%
2004年	10.2%	40.9%	30.8%
2005年	43.5%	71.4%	27.9%
2006年	1.9%	-19.3%	-21.2%
2007年	-12.2%	-21.3%	-9.1%
2008年	-41.8%	-40.8%	0.9%
2009年	5.6%	6.6%	0.9%
2010年	-1.0%	6.8%	7.8%
2011年	-18.9%	-4.4%	14.6%
2012年	18.0%	17.3%	-0.7%
2013年	51.5%	44.2%	-7.3%
2014年	8.1%	23.0%	14.9%
2015年	9.9%	7.7%	-2.2%
2016年	-1.9%	10.6%	12.4%
2017年	19.7%	39.1%	19.4%
	累計		122.0%
	平均		6.8%

ここ5年は特に差が開き、東証二部の圧勝

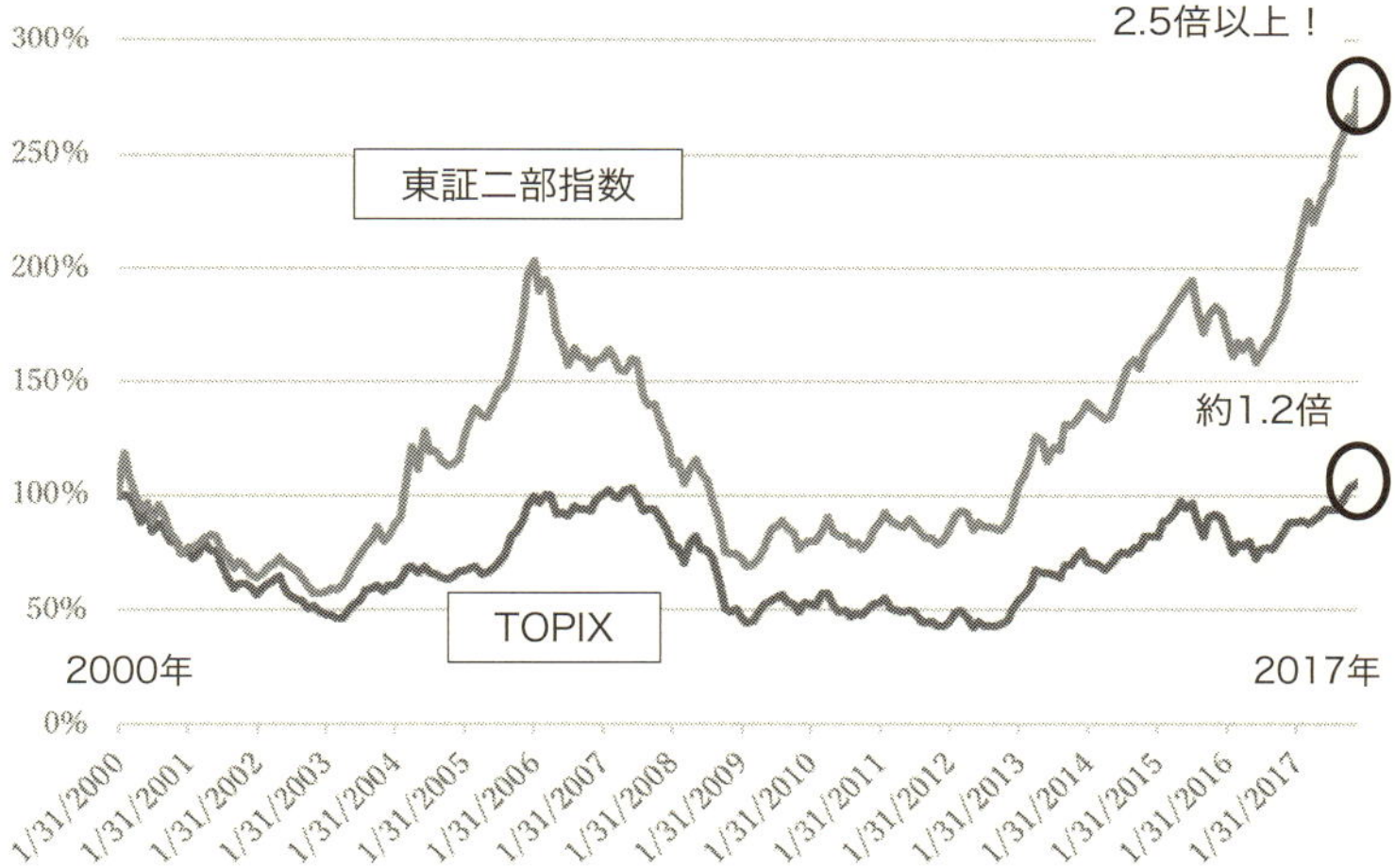

東証二部指数はTOPIXに対して、
かなり優位な結果になっています。
「知っている会社の株だから」と安易に
有名銘柄を購入している人には
特に知っていてほしい事実ですね

時価総額100億円未満の銘柄は個人投資家の楽園

大口投資家の筆頭である機関投資家の年金基金・銀行・保険会社などは巨額の資金を運用しており、かつ顧客・年金受給者・株主などの大切な資金を運用しているため、厳格なルールに基づいて売買を行うのが通例です。

機関投資家も規模は千差万別で小さい運用規模の機関投資家だとハードルは低下するものの、概ね「投資対象は時価総額１００億円以上」などというルールが設定されていることが多いです。

なんでそんなルールがあるのかしら?

それは、「上場株式の発行総数の５％超の保有者は株式の大量保有を報告する義務がある」ことに起因しています。

たとえば時価総額が60億円の銘柄の５％は3億円たらずです。一銘柄に数億円単位で投資する機関投資家がこうした小型株を購入すると、保有割合はあっという間に５％を超えてしまいます。

報告すればいいじゃない

そうもいかないのですよ。自分の投資手口を公表なんて普通はしたくないものです。

他にも、流動性の観点で運用資金のうちまとまった割合の金額を投資することが難しいので、時価総額一定金額未満の株式は買わないというルールを設定している機関投資家が多いです。その基準として100億円といった金額が設定されています。

以上のことから、中小型株は機関投資家の参戦が僅少となっています。もちろんヘッジファンド等も同様であり、資金量が多いファンドは流動性リスクの観点で中小型株にまとまった資金を投じるのが難しい実情があります。したがって、裁定取引などが働きにくく、大口の資金が入らないので、効率的市場仮説が当てはまらない領域です。

じゅるり。個人投資家の桃源郷じゃない!

もっとも企業業績の拡大などでじわじわと時価総額が増えてきて一定水準（たとえば100億円）を突破したら、大口投資家が買えるようになります。

え、そうなったら妙味が下がっちゃうのかしら?

逆です。それが良い銘柄で、今後も株価上昇が期待できるとウォッチしていた銘柄を機関投資家などが買える状況になったら、断続的な買いが入りやすく株価の需給にとって大きなプラス要素となります。

このように**大口投資家が買えない中小型株を購入しておき、企業の成長・時価総額の上昇によって徐々に巻き起こる大口投資家の買いによる株価上昇を享受できる**のは、個人投資家ならではのメリットです。

個別株の中長期投資においては、資金量が少ない段階では時価総額が数十億円というレベルの中小型株に着目すると、「つみたてＮＩＳＡ」では得られない果実を享受できる可能性が高まります。

第8章

基本は順張り 暴落は逆張り！
「二刀流」で手堅く稼ぐ

誰でも稼げる 順張り6つのルール

イベント投資の勝率を上げる方法論の一つが「順張り」です。もちろん、逆張りで勝率が高い局面も多数ありますが、逆張りの場合は難易度が高い側面があり、順張りの方が勝ちやすいと考えています。

「順張り」は株価の流れに沿った買い方・売り方のことね

本当は、下降トレンドのときに空売りするのも順張りだけど、この本では、上昇トレンドのときの「買い」を中心に解説します。私は株式投資を開始した直後は逆張りが好きでした。買う銘柄は押し目（上昇トレンド中の少しの下げ）を作っている銘柄や、あるいは出遅れている銘柄（同業企業の多くが上昇しているとき、取り残された銘柄）ばかりでした。

しかし、なかなか大勝できず、様々な投資本を読み漁《あさ》ったところ、著名人ではジェシー・リバモア氏、ウィリアム・オニール氏の投資手法がしっくりと来ました。

諸々の投資家が提示している手法を実践していき、以下のルールを設けています。

【まつのすけ流エントリー・損切りのルール】

- 買うのはチャートが上昇トレンドの銘柄が原則
- 下落途中に買わない。押し目買いは反発してから
- ナンピンは確度Ｈｉｇｈの自信がある時のみ
- 原則マイナス10％でロスカット。それ以外でも買った根拠が崩れたらロスカット
- 一度売った銘柄を高値で買い戻すのを躊躇しない
- 短期売買で評価損が出た銘柄を中長期投資に変えない

基本的には順張りとして、株式購入はチャートが右肩上がりの時のみで、空売りするのはチャートが右肩下がりの時のみを原則としています。

原則として買い増しは利益が出ている時だけとして、ナンピンするのはよほど自信がある確信度Ｈｉｇｈの時のみです。判断が正しいと自信を持てる時しかポジションを取らず、期待値が高い売買に徹することを心がけています。

漫画『バガボンド』では、吉岡家の当主・吉岡清十郎が先代から「十度戦って十度勝てる相手としか戦わぬこと」という言葉を遺されたシーンがあります。

いつまで休載続くのかしら?

さすが江戸娘。よくご存じで。もちろん投資の世界には必勝はないわけですが、できる限りエッジが自分にある局面で勝負するように心掛けています。**相場が不安定でよくわからない時は無理をせず、安定的なトレンドが出ている時に大きくベットする**イメージで投資を行っています。

以上を心掛けるとパフォーマンスが安定し、年間ベースのトータルでは毎年利益が出せるようになりました。

基本的にはリスク管理を万全にして、最悪のケースを想定した上で投資を行い、一発退場はないようにリスク・コントロールします。

優待目的の長期保有株、長期優待の条件クリアのための端株などを除いては、原則として評価損が二桁のマイナス10％に達したらロスカットするようにしています。マイナス10％という数字に理論的な根拠はありませんが、キリがいい数字である点、多くの偉大な投資家がロスカットラインをマイナス7％〜マイナス10％に設定しているなどの理由で採用しています。

最初に「1銘柄でこれ以上負けると心への打撃が大きすぎて、以降の投資活動に悪影響が出る」という金額を設定して、そこを1銘柄あたりの損失上限額にすることが重要だと考えます。

損失や一時的な評価損で生じるメンタルへの負荷は、人によって変わってきます。

１００万円負けてもへっちゃらな方、評価損が数百万円でも冷静な方、数万円でも動揺する方など千差万別です。仮に負けたとしても、以降の投資活動に影響が及ばない範囲でリスクテイクするのが無難です。

「損切り貧乏」にならない究極の損切りルール

ロスカットのルールを設けると、投資で重要とされている資金管理が自然に実践できるのが大きなメリットです。イベント投資でもお金のマネジメントが重要になります。10％で損切りを行う場合、許容損失額が1銘柄あたり１００万円なら購入可能となるのは最大１０００万円までとなります。投資可能額が明白になり、熱くなってついつい一銘柄に集中投資してしまうことを避けられます。

でも「損切り貧乏」ともいうじゃない

損切りルールを設けると、ロスカットラインにタッチしてその後に再上昇するというケースも出てきます。売買頻度が上がってバイ＆ホールドと比較すると取引コストに悪影響が及ぶ点がデメリットです。

これを避けるためには、期待値が高い局面でのみ取引することです。そうすると必然的に勝率が上がっていく可能性がアップします。

勝率が低い局面ではロットを抑えて、高い局面ではアクセルを踏むという資金管理が損切りルールの設定で良好になりました。

確かに、「自分が評価損を抱えているか否か」などの「自分の買値」というのは、今後の株価の変動とは全く無関係です。購入株価を基準にするのはロジカルな美しさに欠けます。行動経済学で言うところの「アンカリング効果」（11章詳述）による非合理的行動という色彩も帯びています。アンカリング効果とは、最初に提示した価格や情報が消費者の購買判断の基準に大きな影響を及ぼす傾向、を指します。

￥4万9980→割引価格￥2万4980　とかだとお得に感じるやつね

それぞれ。しかし、投資で大損する典型的なパターンは、**トレンドに逆行してナンピンを繰り返して、さらに膨らんだ大きな評価損に耐えきれなくなって投げること**です。もしくは塩漬けになった株式を抱えたまま、資金が拘束されて為す術がなくなってしまう場合も多々あります。

しかし、ロスカットルールを設ければ、こういうことはなくなります。

順張り&ロスカットを基本とすると、ポートフォリオに評価損が生じることはほとんどなく、基本的には常に評価益を抱えている状態になり、ストレスフリーないし低い精神的負担で投資することが可能になります。

例外的な逆張りで爆益を狙うケースとは？

統計的にこのタイミングで逆張りするとパフォーマンスが良いというケースでは、逆張りも有効となり、私もここぞという局面では逆張りを行っています。

それってどういうケース

たとえば、非貸借銘柄で人気の高い株主優待を実施している企業の場合、権利落ち日（権利確定日の次の日）に株価が大きく下落する傾向があります。また、その後しばらく緩やかな下落～ヨコヨコを経て再上昇していく傾向があります。

こうした銘柄をヨコヨコになって緩やかに上昇しそうになったタイミングで逆張り的に購入すると、その後の株価上昇によるキャピタルゲインを獲得することが可能です。

暴落後のヨコヨコからの緩やかな上昇を逆張りでエントリー

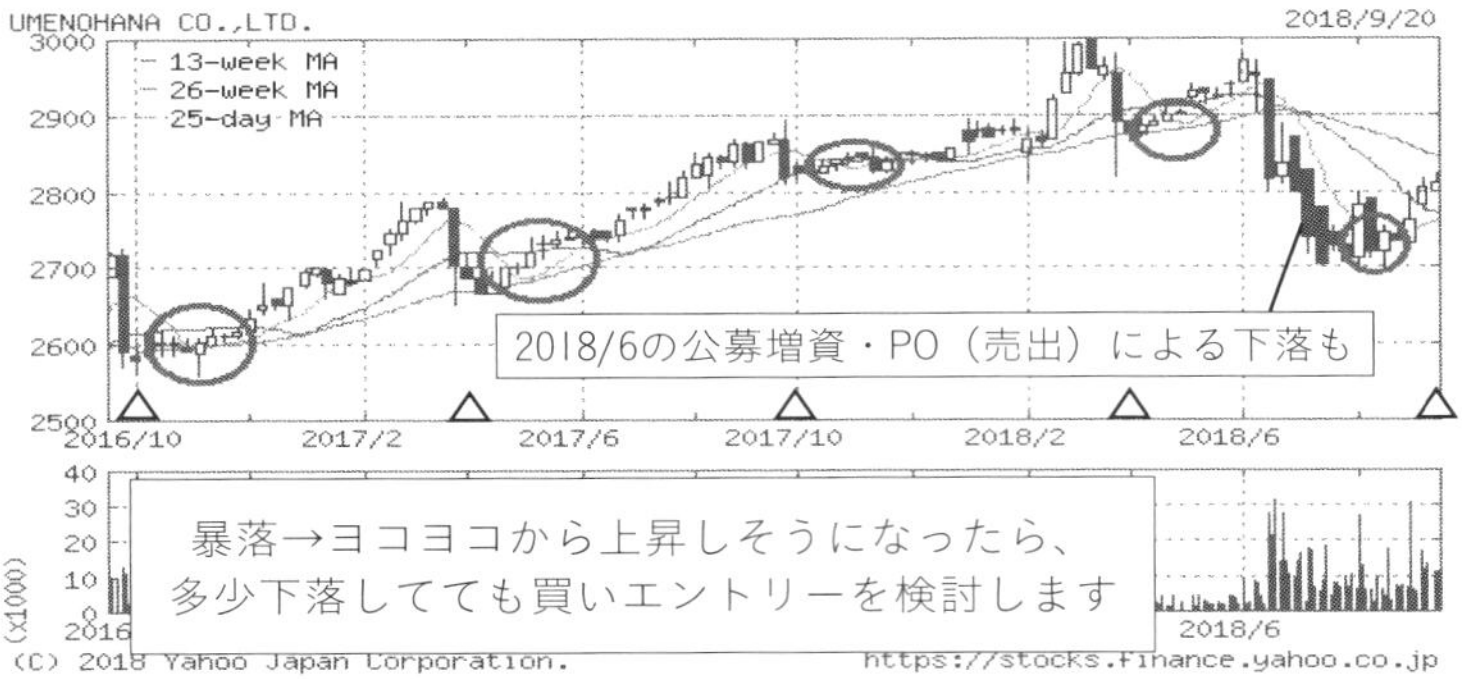

※(株)梅の花2016/10-2018/8　チャート△の9月末・3月末が権利確定日

また、２０１８年２月やチャイナ・ショック、２０１５年１月・２０１３年５月・東日本大震災・リーマンショックなど、**定期的に相場全体が大きく暴落する局面では逆張りで拾うと大きなリターン**を得られるため逆張りで買うことがあります。

株式市場全体が大暴落する状況では、無条件でほぼ全ての株式が大きく下落します。人気が高い株主優待の権利確定日が数週間後といった銘柄でも株価が暴落するので、そうした局面では拾うことを心がけています。

新安値更新銘柄が多数、移動平均線乖離率がマイナス25％の銘柄が多数、日経平均先物にサーキットブレーカー（ストップ安）といった状況では、株主優待の権利確定日が近い銘柄を狙うことにしています。

さらに**業績は絶好調であるにもかかわらず、POや立会外分売で大々的に売り出しが行われて、一時的に需給バランスが崩れて大きく下落する**ようなことがあります。そのようなケースでは逆張りを行う場合もあります。

ピラミッディングで賢くリスクを分散する

順張りスタイルの投資家で利用する方が多いのが「ピラミッディング」という資金管理手法です。最初に一度に投資せずに、含み益が出るに連れてポジションを増やしていく買い方が特徴で、古代エジプトのピラミッドが由来の言葉です。その名の通り、株式の購入量を図式化するとピラミッドの形に似ています。

一度に購入するのではなく、2分割〜数分割して複数回のタイミングで購入して、**最初に購入してから首尾よく含み益が出たら、徐々にポジションを増やしていく手法**となります。一括投資の場合と比較すると買いタイミングが分散されるので、リスクを抑制することが可能になります。

デメリットは何?

右肩上がりとなったら、最初から全額投資していた場合と比較して、機会損失が生じる点、ポジション増加後に逆行すると評価益が消える結果となる可能性がある、の2点です。

ピラミッティングには①最初に購入する金額を大きくする、②数度に分けて均等金額を購入、③後の方の購入額を多額にするなど、いくつかのパターンがあります。

①がピラミッド②が四角系③が逆ピラミッドのイメージね

意図したトレンドが出た時の利益は①が最大、③が最小となり、逆になって裏目になった時の損失は、①が最大、③が最小となります。

意図どおりになったら①は購入価格が低いとき、イチバン多く買えるものね

順張り派は基本的にはチャートが右肩上がりでない場合は何もしないので、タイミングが来るまではじっと待つことが重要になります。

期待値と自信が高いポイントでのみエントリーすることで勝率が上がります。チャンスまで待てずに頻繁に売買すると、予測が外れる可能性がアップしてしまいます。

ピラミッディング①のイメージ

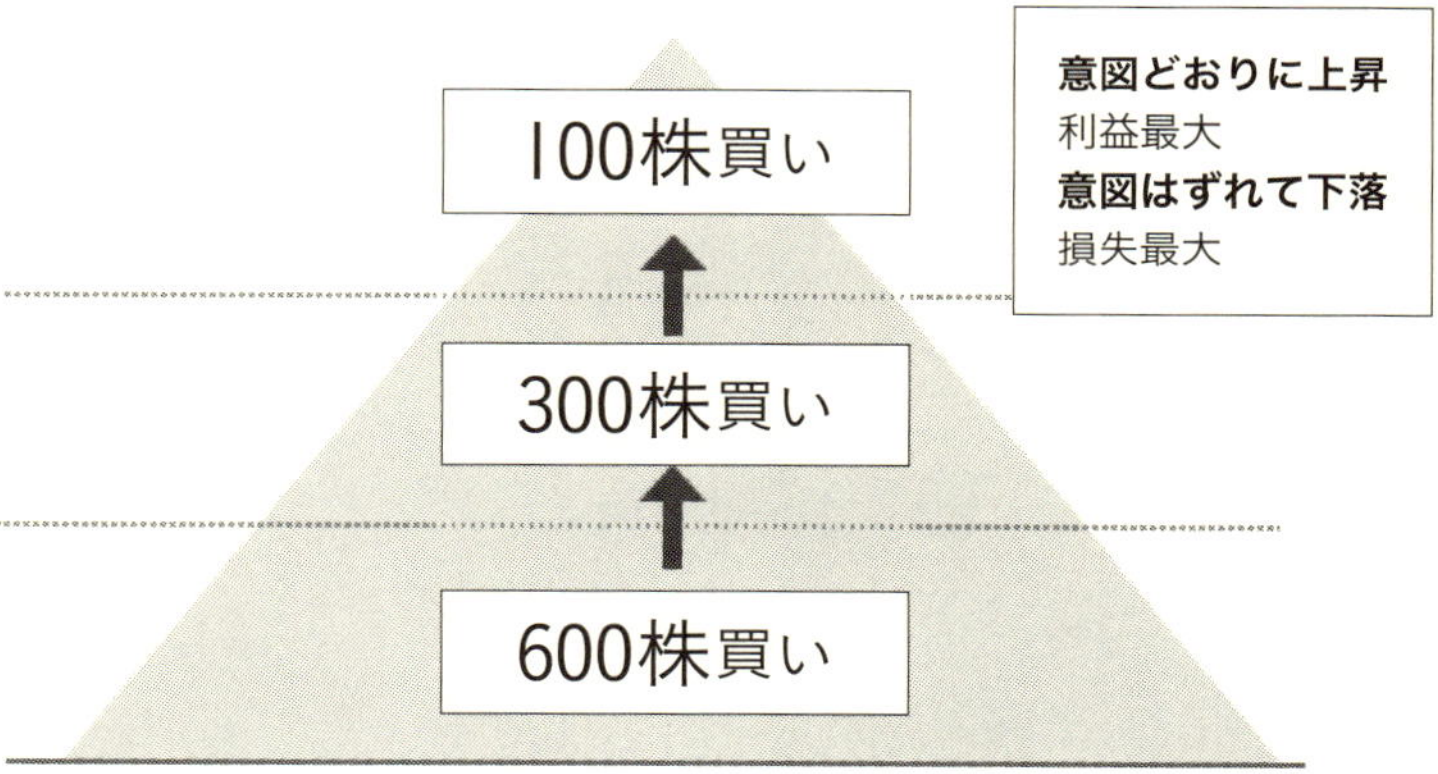

ピラミッディング③のイメージ

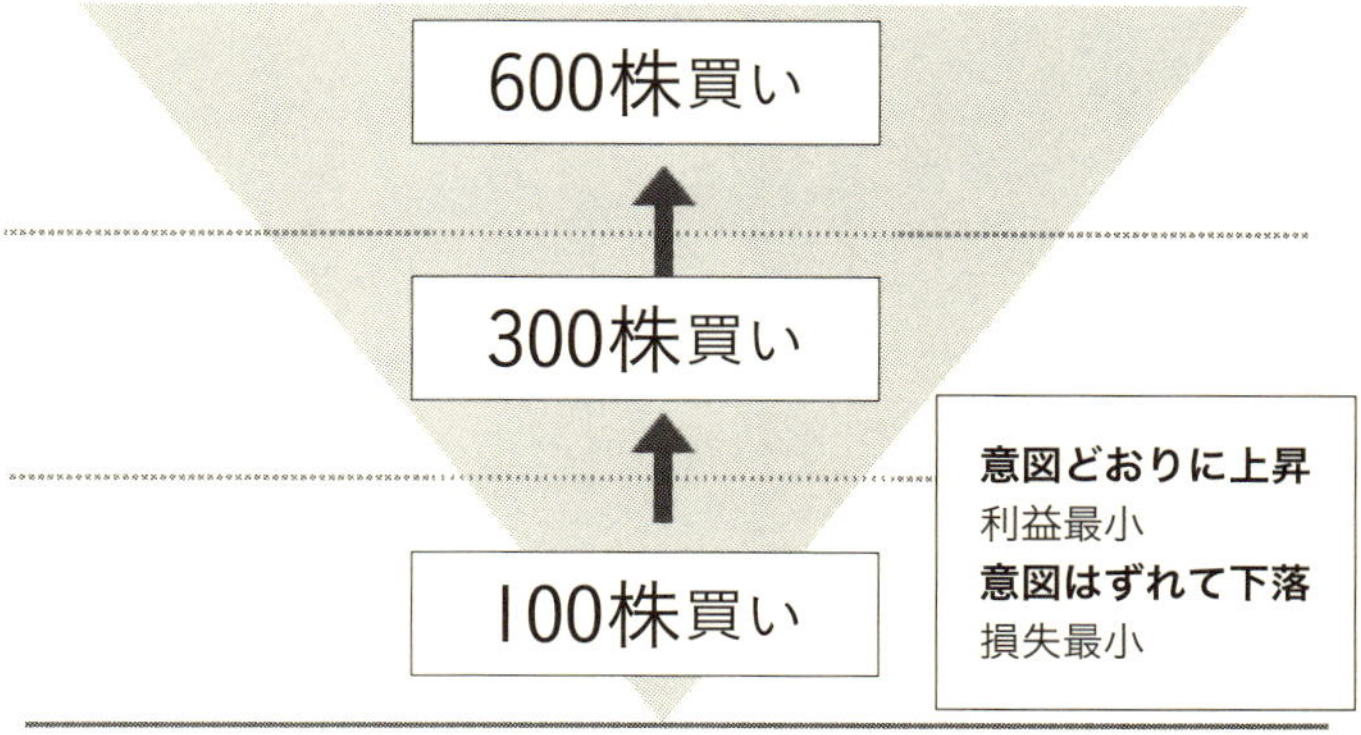

※①③ともに1000株購入する場合

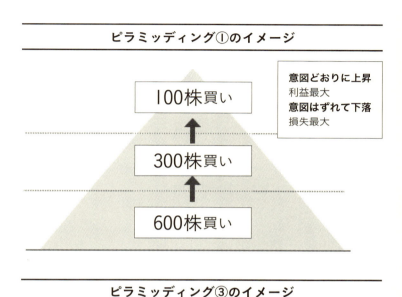

ナンピンは冷静なときに下落の深い時点で行う

順張りの真逆である逆張りの投資方法の筆頭が「ナンピン」（難平）です。ポジションが逆行し、含み損になった時に株式を買い増すことです。

平均購入金額が下がるので、少しの株価反発で評価益に転じやすくなる点がメリットです。最初に購入した後に株価が下落したとしても、ナンピンによって買い単価を下げていくと、どこかで株価が反転するとプラスになりやすいので、勝率が上がります。

株価は一方的に下落し続けることは少なく、一時的に反発することがよくあるので、ナンピンを行うと結果としてプラスで逃げられることが多くなります。

でも、すぐに上昇するという保障はないのよね

そのとおりです。その後も株価下落が続いた場合は、結果的に大損となりやすい点に注意が必要です。トレンドに逆らってナンピンを続けて、反転することなく下落が続いた場合、一発で大きな損失を抱えてしまいます。

また、分散投資派の方にとっては、一銘柄にリスクが集中して、ポートフォリオ（資産

ナンピンの成功イメージ

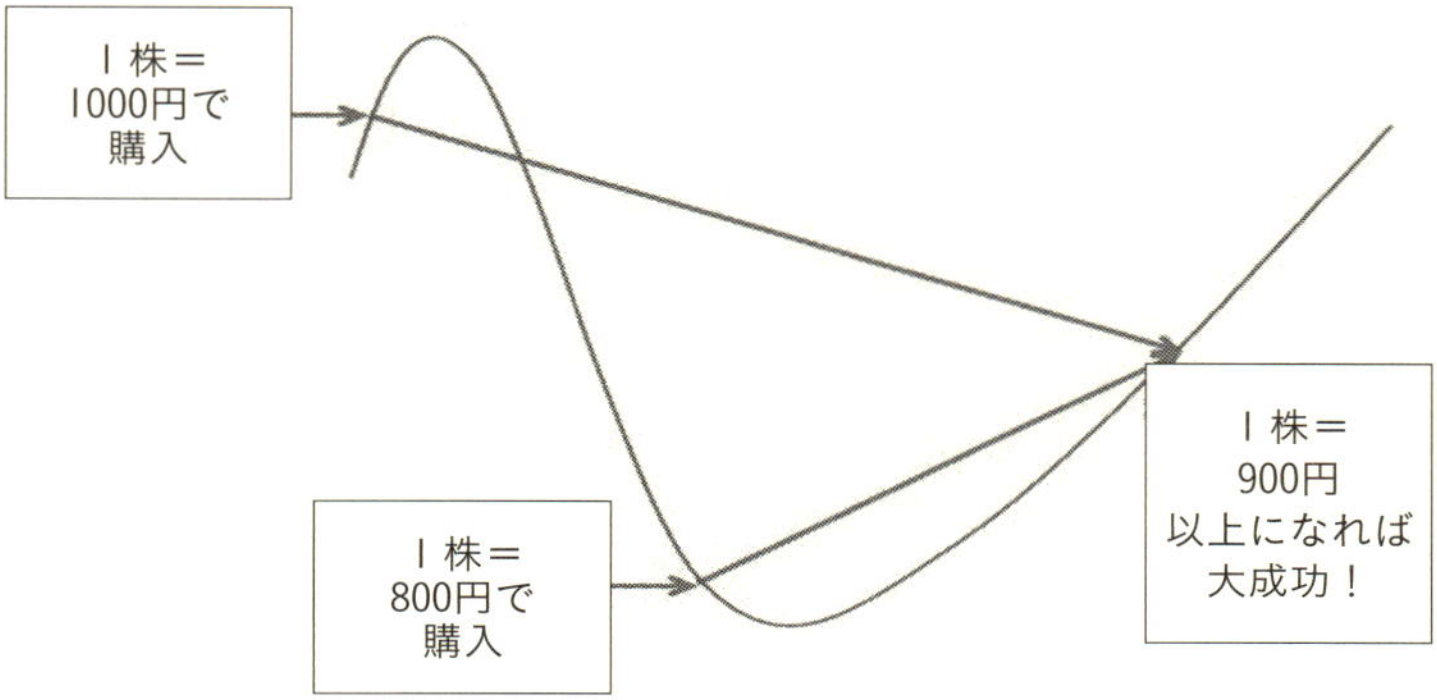

の組合せ）のバランスが崩れてしまうのもデメリットです。

ナンピンを行うと損失が拡大するリスク、うまく株価が戻って儲けられる可能性の双方が拡大します。いずれにせよ保有リスク量は拡大するので、評価損を抱えて頭に血が上った状態でナンピンを繰り返すと危険度が拡大します。

ファンダメンタルズに変化がないと仮定すると、株価の下落は自分の購入価格よりも割安になったということなので、ナンピンというのは心理的に取りやすい行動となります。

あー、下がっているけど「お買い得」だと思い込みたいのね

11章に詳述しますが、このバイアスというか希望的観測によりかかったナンピンは危険です。ナンピンを行う場合は、**少々株価が下落した浅い段階で買い増すのではなく、下落率が高くなって十分に引きつけてからナンピンする**ようにしましょう。

損切りルールに引っかかったのに「今回だけは戻る」と考えを曲げて、ナンピンすることや、当初ポジションを取った理由が消えて、そのロングやショートポジションを取っている理由がないにもかかわらず、「評価損を消して逃げたい」一心でナンピンするのは避けるのが無難です。

ナンピンすればする程どこかで反発して、微益ないし微損で撤退できる確率が上昇しますが、時として強力なトレンドが生じて一方向に進んだ場合は、損失がみるみる拡大してしまうことがあり、そのようなケースでは一撃で大損するリスクがある点に注意が必要です。

シストレ・積立型投資ではナンピンは全然ＯＫ

システムトレードの場合は逆張り戦略によるシグナルに基づくトレードで、ナンピンを前提に売買ルールを設定することがあります。この場合、計画的な逆張り・ナンピンとなるので、全く問題ありません。

計画的だからね

そうです。また、所得税・住民税が税額控除されて確実に大きな節税メリットがある個人型確定拠出年金（ｉＤｅＣｏ）、投資の利益が非課税となる「つみたてＮＩＳＡ」は、基本的には投資信託などを毎月一定額購入していくこととなります。

ｉＤｅＣｏは年１回まとめて購入することや、一部の金融機関はつみたてＮＩＳＡを毎日購入することも可能ですが、基本は毎月の一定額の購入となります。商品特性上、既存の購入商品に評価損が出ている時は強制的にナンピンすることになります。

しかし、ｉＤｅＣｏやつみたてＮＩＳＡで世界中に幅広く分散している投資信託を購入している場合は、世界経済の成長とともに一時的には評価損が出たとしても中長期的には戻ることが期待できます。

10年~数十年ほど積立投資を行った場合は、いつ始めたとしても多くの時期でプラスになっていますので、長期的観点でのプラスリターンにベットする場合、ナンピンは特に問題ないと考えます。

超長期投資の場合、始める時期はあまり関係ないのね

もちろん今後世界経済が失速するリスクはありますけれども、それが気になる方はｉＤｅＣｏやつみたてＮＩＳＡで積立投資を行わなければいいだけの話となります。

第9章

「ロング・ショート戦略」でストレスフリーに常勝

ロング・ショートってそもそも何よ？

私は日常的に「ロング・ショート」という投資手法によって絶対リターンを獲得し続けています。ロングは買い、ショートは売りを意味しており、株式・ＥＴＦ・先物などの買いと、信用取引・先物取引などの売りを組み合わせる投資手法です。

どういうメリットがあるの

市場全体の市況や業種に共通するファクターによる株価の上昇・下落に左右されずに、着実なリターンを積み上げていくことを企図するスタイルです。

デメリットは？

もっとも、購入した銘柄の株価が下落して、売った銘柄が値上がりして、双方で損失が出て踏んだり蹴ったりになるリスクもあります。このような事態は「股裂き」と呼ばれています。

具体的にはどうするの？

一般的にはファンダメンタルズに着目して、**割安と判断した株式を購入して、他方で割高と評価した株式を信用取引などで空売り**します。**同一業種内で割安株・割高株をペアにして適用することが多い**です。ヘッジファンドの運用手法の一つとなっています。

いずれ割高な株式と割安な株式の価格差は縮小すると考えて、マーケット全体が上昇しようとも下落しようとも利益を獲得することを目指してポジションを取ります。

何か例を出してよ

たとえば、類似銘柄のうちXは好材料が発生してイナゴがむらがってお祭り状態になり、株価が大幅に上昇してPERが30倍になっていたとしましょう。他方Yは株価が鈍くてPERが10倍にとどまっていたと仮定します。

そのような際にXを空売りして（ショート）、Yを購入する（ロング）のがロング・ショートです。

銘柄を買い、指数をカラ売りで、毎月1000万以上のリターン

先のとおり、ロング・ショートというと、割安な銘柄を買って割高な銘柄を空売りするパターンが一般的です。しかし、それ以外の局面でも幅広く使える投資戦略です。**指数を空売りすれば市場全体の変動の影響を排除して、純粋に良いと思う銘柄の株価指数に対するリターンを獲得することが可能**です。

たとえばコロワイド（７６１６）が、株主優待の権利確定月の直前の8~9月、２~３月にＴＯＰＩＸを上回るリターンが出ると予想する場合で、市場全体が不安定な局面では、コロワイドを買うだけではなく、コロワイド・ロング、ＴＯＰＩＸ・ショートのロング・ショートを組むことも選択肢の一つです。

コロワイド・ロング、ＴＯＰＩＸ・ショートの戦略で、２０１７年8~9月、２０１８年2~3月は大きなリターンを獲得できました。

ロング・ショートで株価指数に対して統計的に優位性があるトレード手法を確立できると、上昇相場でもボックス相場でも下落相場でも、どんな時でも絶対リターンを確保できるようになります。

株主優来の権利確定前にロング・ショートを発動！

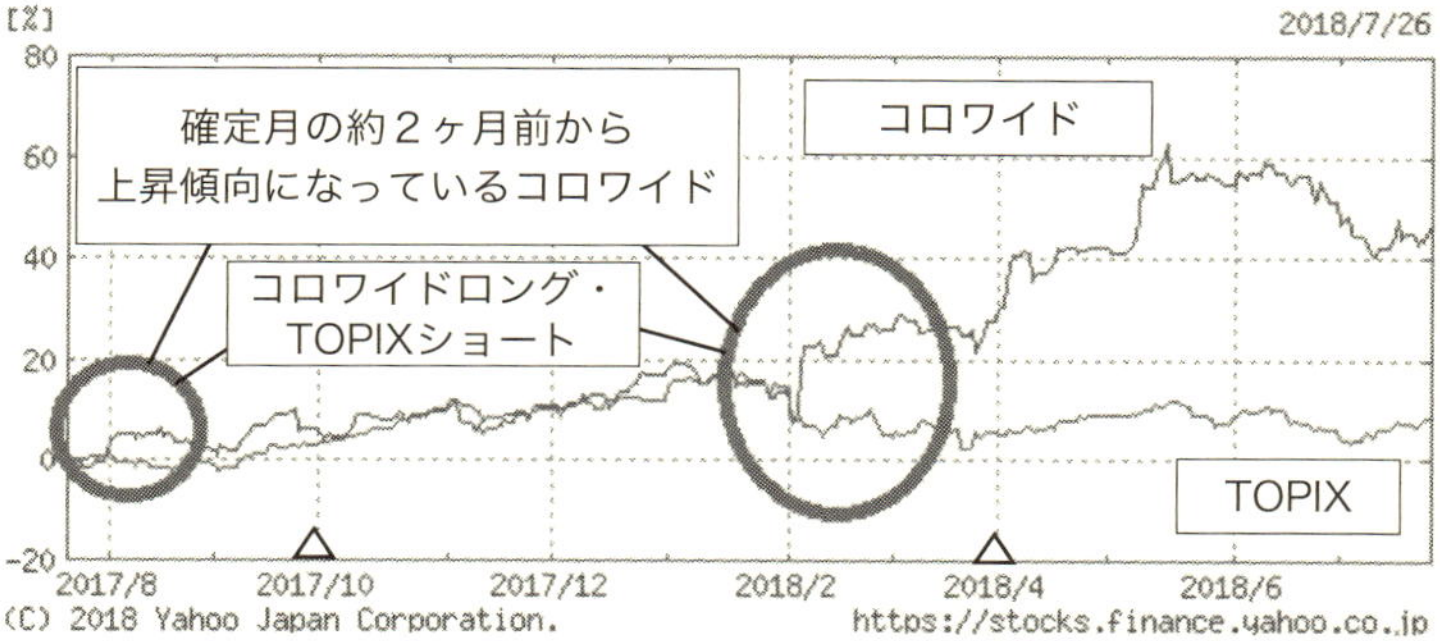

コロワイド2017/8-2018/8　チャート△の9月末・3月末が権利確定日

コロワイドを単体で買ってもよいのですが、
市場が不安定だと株価指数に連れ安する
可能性もあります。そういうときこそ、
株価指数をショートするのです

株価指数のアノマリーをつかめれば、
指数のカラ売りは強力な武器になりそうね

知り合いの専業投資家（元ゴールドマン・サックス社員）は、ロング・ショートでどんな局面でも市場の変動に左右されずに、ほぼ毎月1000万円以上のリターンを叩き出しています。

ロング・ショート戦略には、市場の変動や株価下落に怯えることなく、絶対リターンを獲得できるようになるポテンシャルがあります。

ただし、「股裂き」リスクもあるので、リスク管理が重要である点は、買いだけのロング・オンリー、空売りだけのショート・オンリーの場合と同様です。

同業種間でのロング・ショートでセクターリスクを抑制

同業種間でのロング・ショートでも、割高・割安に対する着目だけではなく、多様な観点でペアを組んで収益を狙えます。業種全体に対する要素（ファクター）による値動きを相殺して、純粋に当該銘柄に対する値動きのみを取りに行く場合にも利用できます。

スルガ銀行のショートを考えていたんだけど

シェアハウス「かぼちゃの馬車」を巡る不正融資があった銀行だね。こういうときでも、地銀全体に対して好影響を与えるような出来事が発生した場合、いくらスルガ銀行に問題があっても株価が上昇する可能性があります。

へー、全体の市況も個別株に影響するのね

リスクヘッジとして他の地銀を買うことで、地銀全体に対する好材料を相殺して、純粋にスルガ銀行の固有の要素にもとづく株価下落にベットすることが可能になります。

次ページのとおり、実際、２０１８年7月末には、日銀が金融政策を微修正して長短金利差が拡大するという思惑が流れて、地銀全体の株価が大きく上昇しました。

こういう不測の事態が起こっても、スルガ銀行をショート、静岡銀行をロングの「ロング・ショート」を組んでいた場合、スルガ銀行の株価が上昇したとしても、その悪影響を抑制できるのです。

もう一つ例を挙げると、産業ガスで世界3位の米プラクスエアから欧州事業の一部を買収すると発表した太陽日酸（４０９１）を買おうと思ったけれども、「市場要因の変動は排除して、太陽日酸に出ている材料だけの株価上昇を取りに行きたい」と考えたことがあります。

同業種で売上高が似た三菱瓦斯《がす》化学（４１８２）を空売りしてロング・ショートにする

スルガ銀行はかぼちゃの馬車以降、下落していたが…

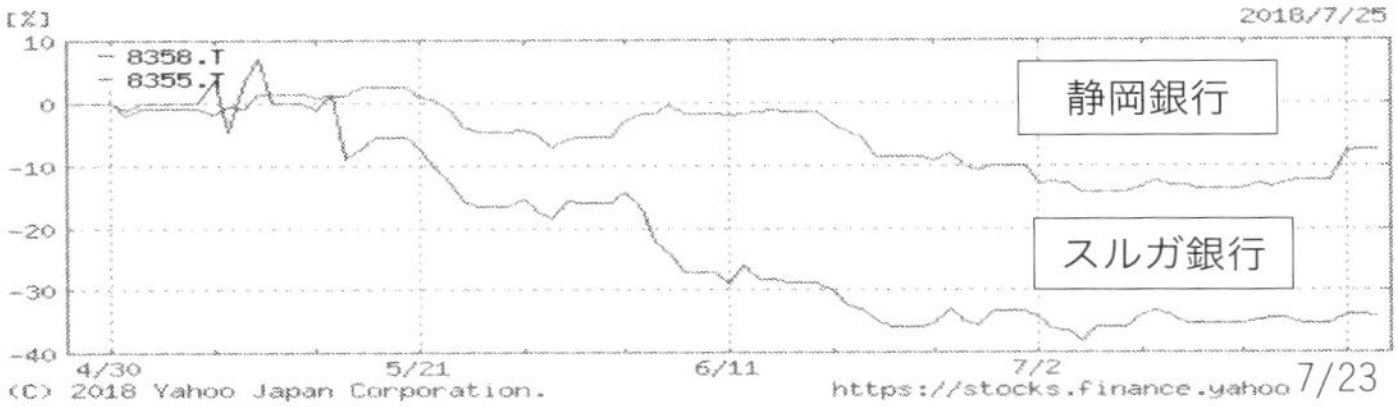

スルガ銀行の株価すら上昇する可能性がでてきた！

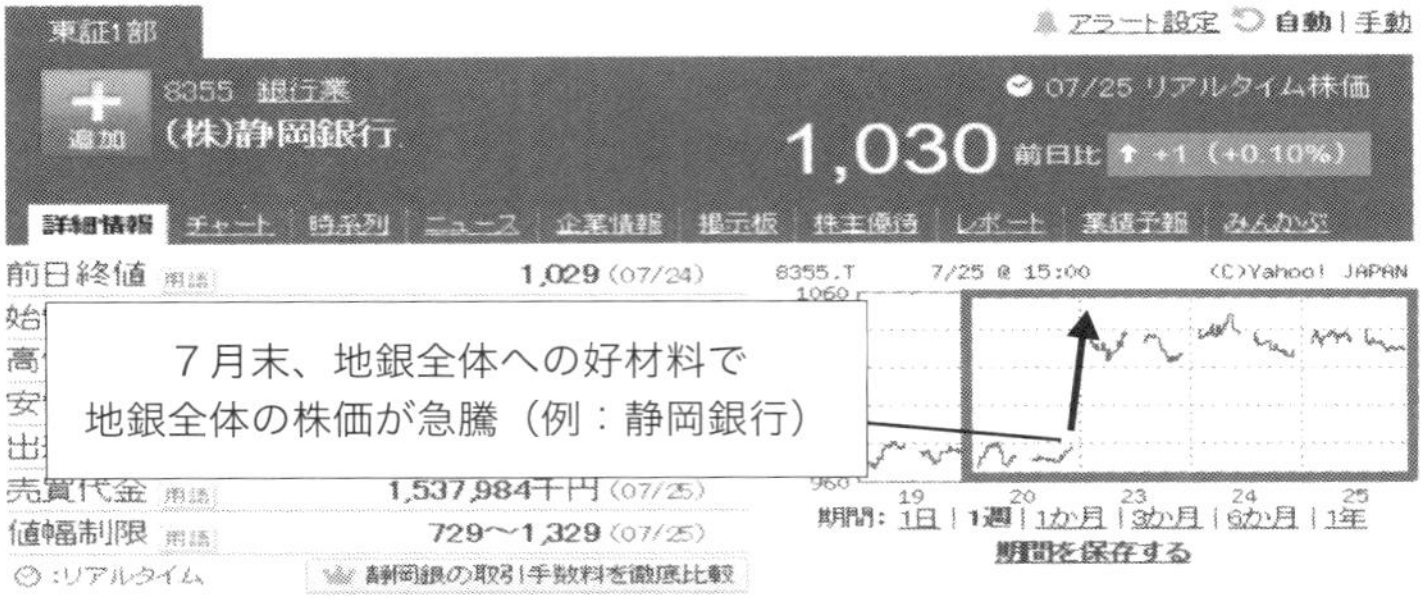

※Yahoo! ファイナンスより

こういう状況でも他の銀行をロングしていれば
たとえスルガ銀行が上昇したとしても、
セクターリスクをヘッジすることができます

ことを選択しました。

次ページのとおり、ここでは三菱瓦斯化学には損失が出ており、結果的には太陽日酸をロングするだけで良かった事例になります。ただし、ロング・ショートによって化学セクター全体に影響するリスクを抑えることができ、結果的に太陽日酸に固有の材料でリターンを得られる効果がありました。

同業種で売上高や時価総額が似ている銘柄を探す際には、会社四季報オンラインの銘柄ページの「ライバル比較」が参考になります。売上高・時価総額、ＰＥＲ・ＰＢＲ・配当利回りなどの比較が掲載されています。

銘柄のペアは「指数」に限らないのね

同業種の似たような銘柄間でロング・ショートを組むと、セクター・リスクを抑制できるのがメリットです。

ただし、ペアとして選択した銘柄に何らかの材料が出て損失を被るリスクがある点には留意が必要です。買いのペアとして空売りした銘柄に好材料が出て高騰することや、売りのペアとして買った株式に悪材料が出て下落するリスクがあります。

他にも、**「決算発表などがある銘柄」をペアの相手として選択するのは避けたほうが無難**でしょう。

当時の筆者のポジション

銘柄	売買	信用区分 弁済期限	建玉数量うち 執行中数量 【株/口】	時価評価額 【円】	評価損益額 【円】 評価損益率
太陽日産 4091東証	**買建**	制度 （6ヵ月）	2.100 2.100	3.759.000	**204.453** **+5.75%**
三菱瓦斯 化学 4182東証	**売建**	制度 （6ヵ月）	1.400 1.400	3.491.600	**-10.510** **-0.30%**

好材料が出た太陽日産も市場変動で
下落する可能性があります。たとえ、
そうなっても痛手にならないよう同業種で
売上高の似た三菱瓦斯化学をショートしました

結局、三菱瓦斯化学では損失が出たけど
セクターリスクを抑制できたからＯＫなのね

指数でも同業種でもない「超」ロング・ショート戦略

ロング・ショートはリスク調整の観点でも利用可能です。株式を買うだけのロング・オンリー、空売りするだけのショート・オンリーの場合よりもリスク量を抑えたい場合に有用です。

あらた（２７３３）という銘柄が公募増資を発表したことなどから、約２ヶ月でマイナス34％と大きく下落した局面がありました。

しかし、次ページのとおり、業績は数年にわたって上方修正・増配を繰り返しており、堅調だったことからリバウンドが期待できると考えました。

リバウンドを狙う際に「あらた」ロングだけでもいいのですが、市場全体が不安定な場合などは株式のエクスポージャー（市場の価格変動のリスクにさらされている資産の度合い）を減らすために、ショート・ポジションをあえて作るという選択肢もあります。

ショートの相手方として株価指数や同業種の株式ではなく、**「下落が高い」と考える銘柄を組み入れてネットでのリスク量を減らす**という方策もあります。

個別銘柄と株価指数との動きは一致せず、しかも２０１８年時点では日銀が大規模なＥＴＦ買いを行っており、株価指数には強力な援軍がいます。

堅調だった「あらた」の業績

会社発表履歴　　絞り込み　▼全て　›本決算　›中間決算　　単位 経常利益:百万円／配当:円

発表日	決算期	区分	経常利益 配当	前回発表	修正内容	増減率	コンセンサス予想
2018/05/09	2019年3月期 本決算	会社予想	10,000	--	--	--%	10,050
2018/05/09	2019年3月期 中間決算	会社予想	5,200	--	--	--%	--
2018/05/09	2018年3月期 本決算	連結実績	9,439	--	--	--%	9,100
2018/05/09	2019年3月期 本決算	配当予想	40.00	--	--	--%	--
2018/05/09	2019年3月期 中間決算	配当予想	40.00	--	--	--%	--
2018/05/09	2018年3月期 本決算	配当実績	40.00	--	--	--%	--
2018/02/05	2018年3月期 3Q	連結実績	7,424	--	--	--%	--
2018/02/05	2018年3月期 本決算	配当予想	40.00	35.00	増配	+14.3%	--
2017/11/02	2018年3月期 本決算	会社予想	9,000	8,300	上方修正	+8.4%	8,400
2017/11/02	2018年3月期 中間決算	連結実績	4,844	--	--	--%	--
2017/11/02	2018年3月期 中間決算	配当実績	35.00	--	--	--%	--
2017/08/02	2018年3月期 1Q	連結実績	2,781	--	--	--%	2,230
2017/05/09	2018年3月期 本決算	会社予想	8,300	--	--	--%	--
2017/05/09	2018年3月期 中間決算	会社予想	4,000	--	--	--%	--
2017/05/09	2017年3月期 本決算	連結実績	7,842	--	--	--%	--
2017/05/09	2018年3月期 本決算	配当予想	35.00	--	--	--%	--
2017/05/09	2018年3月期 中間決算	配当予想	35.00	--	--	--%	--
2017/05/09	2017年3月期 本決算	配当実績	35.00	--	--	--%	--
2017/02/03	2017年3月期 3Q	連結実績	6,393	--	--	--%	--
2016/11/02	2017年3月期 本決算	会社予想	7,300	6,700	上方修正	+9.0%	--
2016/11/02	2017年3月期 中間決算	連結実績	3,910	--	--	--%	--
2016/11/02	2017年3月期 本決算	配当予想	35.00	30.00	増配	+16.7%	--
2016/11/02	2017年3月期 中間決算	配当実績	30.00	--	--	--%	--
2016/08/09	2017年3月期 1Q	連結実績	2,193	--	--	--%	--
2016/05/13	2017年3月期 本決算	会社予想	6,700	--	--	--%	--
2016/05/13	2017年3月期 中間決算	会社予想	3,000	--	--	--%	--
2016/05/13	2016年3月期 本決算	連結実績	5,811	--	--	--%	--
2016/05/13	2017年3月期 本決算	配当予想	30.00	--	--	--%	--
2016/05/13	2017年3月期 中間決算	配当予想	30.00	--	--	--%	--
2016/05/13	2016年3月期 本決算	配当実績	30.00	--	--	--%	--
2016/02/08	2016年3月期 本決算	会社予想	5,300	5,000	上方修正	+6.0%	--
2016/02/08	2016年3月期 3Q	連結実績	4,771	--	--	--%	--
2015/11/06	2016年3月期 中間決算	連結実績	2,721	--	--	--%	--
2015/11/06	2016年3月期 中間決算	配当実績	25.00	--	--	--%	--
2015/11/05	2016年3月期 中間決算	会社予想	2,721	2,300	上方修正	+18.3%	--
2015/11/05	2016年3月期 本決算	会社予想	5,000	4,300	上方修正	+16.3%	--
2015/08/06	2016年3月期 1Q	連結実績	1,582	--	--	--%	--
2015/08/06	2016年3月期 中間決算	会社予想	2,300	1,800	上方修正	+27.8%	--
2015/05/27	2016年3月期 本決算	配当予想	25.00	10.00	増配	+150.0%	--

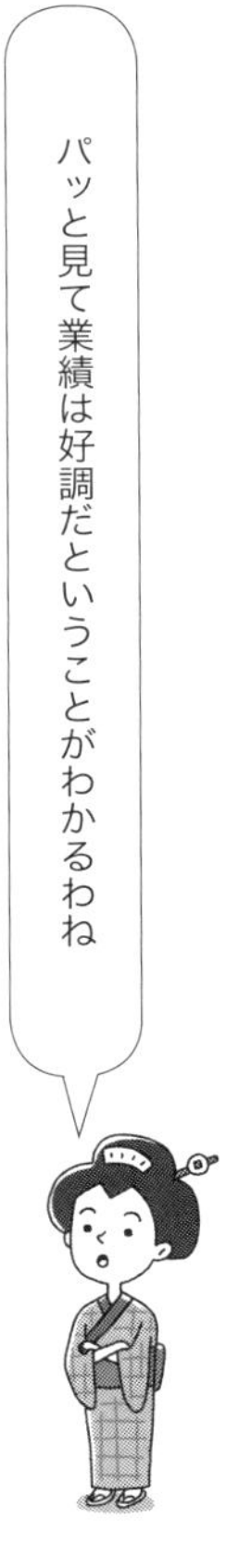

パッと見て業績は好調だということがわかるわね

※SBI証券より

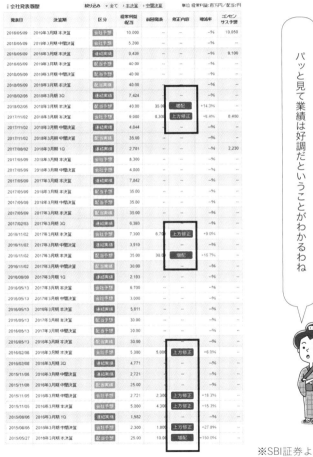

株価指数をショートしたくない場合は、売りの相手方として個別株式を選択するのも一つの方法です。

指数でも同業種でもないのね

「あらた」をロングして、**全く業種などは無関係ですが、株価が下降トレンドだった「日本たばこ産業」をショートによって両方で利益を獲得**したケースがあります（次ページ）。逆張りの買い＋順張りの売りで二重に利益を得たケースとなります。順張りの買い＋順張りの売りもよく組むロング・ショートです。

短期間ならカラ売りはインバース型ＥＴＦの買いでも一応代替可能

ロング・ショート戦略でのショート・ポジションを作る手段としては、信用取引の売り（空売り）、先物取引の売り、ＣＦＤの売りなどの選択肢があります。

しかし、信用取引や先物取引はレバレッジが効いてリスクが高いので、これらは行いたくないという方もいらっしゃるでしょう。

当時の筆者のポジション

銘柄	売買	信用区分 弁済期限	建玉数量うち 執行中数量 【株/口】	時価評価額 【円】	評価損益額 【円】 評価損益率
あらた 2733東証	買建	制度 （６ヵ月）	1.400 1.400	8.685.000	**487.040 +5.93%**
日本 たばこ産業 2914東証	売建	制度 （６ヵ月）	2.100 2.100	5.063.450	**19.279 +0.37%**

そのような方がショート・ポジションを作りたい場合は、インバース型ＥＴＦ（ベア型ＥＴＦ）を購入するという選択肢があります。

インバース型ＥＴＦは、連動する株価指数（ＴＯＰＩＸや日経平均やＪＰＸ日経４００）が下落するほどＥＴＦの価格が上昇します。

つまり、指数のカラ売りと似ている

ご名答です！

インバース型ＥＴＦを保有するということは、株価指数のショート・ポジションを作っているのと同義なのです。ちなみに、ダブルインバース型ＥＴＦの倍はマイナス２倍で動きます。

注意点としてインバース型ＥＴＦは、連動を目指している原指標の「日々の」騰落率のマイナスＸ倍となるように計算されている点が挙げられます。

２日間以上保有すると、複利効果のために指数値は一般的にマイナスX倍とはならず、計算上差が出てきます。

むむ、難しいわね…

つまり、株価指数が一定の範囲内で上昇・下落を繰り返した場合、マイナスの方向に差が生じてＥＴＦのパフォーマンスが悪化する傾向があります。たとえば原指標が１日目に５％上昇し、２日目に10％下落し、３日目に６％上昇した場合、指標は＋０・17％となります。

この場合、インバース型ＥＴＦはマイナス０・17％になると思いきやマイナス１・77％になってしまいます（Ｐ１９４表）。一般的に期間が長くなればなるほどこの乖離率が大きくなり、ＥＴＦの騰落率が「株価指数×マイナスX倍」よりも悪化する傾向があります。

長く持つほど、連動する株価指数とのズレが出てくるのね

したがって、インバース型ＥＴＦは、一般的に中長期の投資には向きません。比較的短期間の投資に向く金融商品なので、**あくまで短期間でのトレーディングやヘッジ手段**に用いましょう。

インバース型ＥＴＦは一本調子に下落すれば大きなリターンとなりますが、上げたり下げたりを繰り返す場合は、パフォーマンスが悪化します。保有する期間が長くなればなるほど弱くなります。

じゃあ、私みたいな初心者は…

乖離は日が経つにつれ大きくなる

	原指標		インバースETF	
	価格	トータルリターン	価格	トータルリターン
基準日	100		100	不一致！
1日目	105	5.00％	95	−5.00％
2日目	94.5	−5.50％	104.5	4.50％
3日目	100.17	0.17％	98.23	−1.77％

基本的にはロング・ショートでのショートポジションとして活用するのは、信用取引・先物取引がおすすめです。一般信用売りなら逆日歩リスクもありません。

ちなみに、逆日歩とは、ショートのために株を借りているときに、たまに発生するレンタル代金のようなものです。

レバレッジをかけないようにリスク管理・ポジションサイジングに注意すれば、インバース型ETFの購入とリスクはさほど変わりません。

第10章

「売買シミュレーション
&＆データ収集」で神速投資

数値によるリスク・リターン管理で「うっかり売買」を避ける！

成功している投資家を2つのタイプに大別すると、①定性的な判断が秀逸、②定量的な分析が優秀の2パターンに分かれると考えます。もちろん、両方の側面で優れている方もいらっしゃいます。

私自身は定性的な判断は今ひとつで根拠レスの裁量投資を行った場合は、華麗に損失が出ることが多いです。徹底的な定量的データ分析を実施しており、これが武器となっています。

ひらめいた投資アイディアは必ず過去データを収集してExcelで検証して、期待値（その投資法を繰り返した場合に期待できる収益）、リスクを把握することにしています。

株式を買おうと思ったり、あるいは空売りしようと思った場合、必ず何らかの理由があるはずです。同じ理由で過去に投資を行った場合、パフォーマンスが良かったのか否かデータで確認すると、何となく売買して損失を出してしまう事態を回避できます。

「こういう属性を有する銘柄を買えば良い」あるいは「こうした局面で投資したら勝てそう」と自分が思ったとしても、一定期間の過去実績を収集すると意外と勝率が低いことがあります。

また、過去の数値を見直すと、利幅を伸ばせずトータルで利益を出すのが難しいことや、パフォーマンスが芳しくなく、継続的にベットする価値はないと分かることも多々あります。

分析はさしあたって何をすればいいの?

「低ＰＥＲ、低ＰＢＲ、高ＲＯＥ、成長性が高い、財産価値が高い、チャートが良い、○○という好材料が出た、○○というイベントが発生した、著名投資家が推奨していた」等まずは買おうと思った理由を明確にします。その上で過去に同じ理由が該当する銘柄に投資していた場合、トータルでは利益が出ているのか否かを検証します。

次に、過去の株価推移に関するデータは、各ネット証券のツールや、Ｙａｈｏｏ！ファイナンスの時系列データ等で収集して、Ｅｘｃｅｌにデータを入れていきます。

毎日データを更新したい場合は、楽天証券や岡三オンライン証券のRSSだと一気に多数の銘柄のデータを日々収集できて便利です。私も活用して毎日データを収集してエントリーポイントが生じていないか確認作業を行っています。

必ず過去実績を検証するようにすると、統計上の成績が悪い銘柄に投資することを回避できます。またはロット（投資金額）を引き下げる等の対応を取ることが、可能になります。

一例として現在の私の主力の投資手法の過去データは、次ページのとおりです。売買タイミングを3種類に分けて検証して、それぞれのトータルリターンを出しています。

100万円を使ってこの投資方法を実践した場合、2年間で1265万～1606万円のリターンが獲得できました。ただし、一時的な目減りも大きく、ドローダウンの累計はマイナス1807万と精神的に負荷がかかります。

私の6年分の手取りよ！　死ねるレベルだわ！

首尾よく狙い通りリターンが出ているケースもあれば、損失に終わってしまうケースも有ります。この投資法の特徴は「勝率が低いものの、勝つ時は大きなリターンが出る」といった特性を把握できます。

全体的に過去実績が良好で、投資に取り入れる価値があると判断した場合、次に「リターンが出ている銘柄に共通している属性・状況はなにか」、「損失が終わった銘柄は何がダメだったのか」、「プラスの場合とマイナスの場合の違いは何なのか」を考えます。

こうして要素分解をして掘り下げていくと、「こういう銘柄、こういう場合はリターンが出やすい」というポイント・傾向が見えることがあるので、勝率を上げることが可能に

売買タイミングを3種類に分けリターンを検証

	14,495,589		12,655,100		16,063,089	ドローダウン	-18,070,115
45.85%	458,462	29.27%	292,727	43.59%	435,897	-7.89%	-78,947
-7.03%	-70,320	-9.19%	-91,882	-17.17%	-171,689	-24.61%	-246,052
-7.93%	-79,268	-4.13%	-41,270	-17.07%	-170,732	-23.38%	-233,803
-3.17%	-31,746	-4.69%	-46,875	-10.58%	-105,820	-19.14%	-191,388
30.78%	307,764	24.38%	243,772	61.65%	616,464	0.00%	0
-0.34%	-3,413	-0.68%	-6,803	0.68%	6,826	-6.94%	-69,401
-6.36%	-63,595	-4.20%	-42,008	-7.46%	-74,612	-16.34%	-163,422
-11.94%	-119,393	-1.24%	-12,384	-3.31%	-33,126	-3.31%	-33,126
50.32%	503,158	40.92%	409,211	70.25%	702,456	-9.31%	-93,084
2.81%	28,143	-6.48%	-64,846	3.75%	37,523	-14.00%	-139,969
-8.58%	-85,805	-4.75%	-47,461	-7.84%	-78,390	-9.66%	-96,573
2.86%	28,603	1.19%	11,905	9.24%	92,409	-2.65%	-26,471
-8.08%	-80,831	-3.52%	-35,152	-20.88%	-208,776	-20.88%	-208,776
8.67%	86,667	2.77%	27,743	19.73%	197,333	0.00%	0
-3.15%	-31,532	10.97%	109,677	-7.15%	-71,509	-13.16%	-131,648

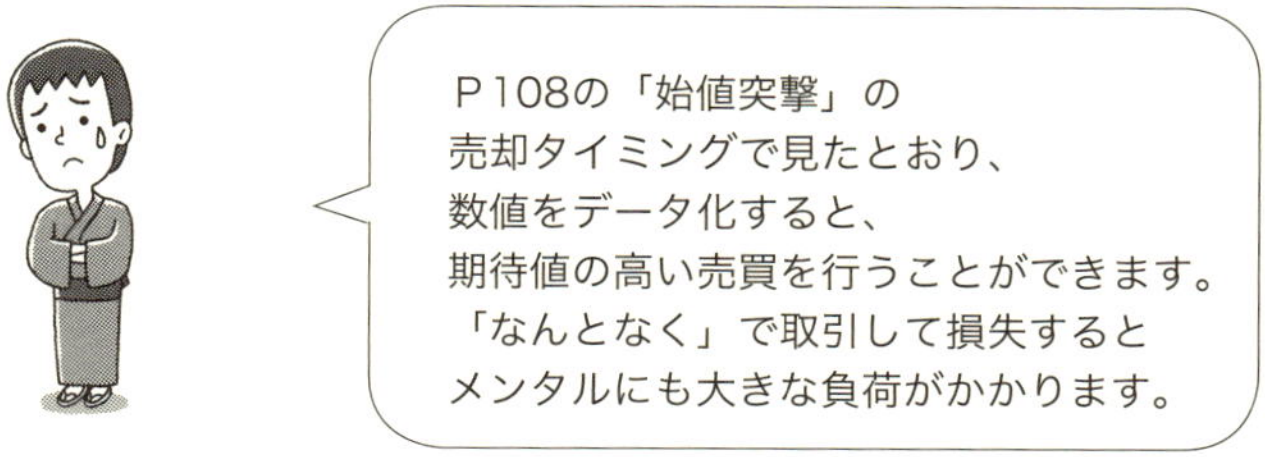
Ｐ108の「始値突撃」の
売却タイミングで見たとおり、
数値をデータ化すると、
期待値の高い売買を行うことができます。
「なんとなく」で取引して損失すると
メンタルにも大きな負荷がかかります。

なります。

また、投資手法に内在する特性・弱みも見えてくるので、不用意な売買を避けることができます。たとえば「勝率は低いけれども勝てる時は大勝でき、トータルではリターンを出せる投資手法」は多々あります。

スロットでいう初代「北斗の拳」ね

スロットと株を一緒にしてほしくないけど…とにかく、そのようなケースにおいては、勝率は低いことを事前のデータ分析で認識していれば、負けが続いてメンタルが萎えてきて、「この投資手法はダメだ」と考えて止めてしまう事態を回避できます。また、損小利大を心掛けるなど重要なポイントを認識できます。
ドローダウンがきついけれども、最終的には勝てる傾向がある売買の場合、過去の傾向を掴むことで途中での一時的な評価損を我慢する心構えができます。投資の途中で訪れるマイナスに対する心構えができず、途中で慌ててクローズしてしまって損失に終わるといったことを回避できます。
投資で成功するには資金管理とメンタルも重要になってきます。資産のうち多額を投資すると上手くいくと大儲けできますが、逆行すると大損となります。常に右肩上がりとなるのが理想ですが、株式投資はなかなかそう上手くいくことばかりではなく、一時的にマイナスになることも多々あります。

「自分の精神力を超える大きなリスクのポジションが逆行してしまい、評価損に耐えられずに投げたところが大底で、そのまま持っていれば大きなリターン」という落とし穴にはまらないような資金管理が重要になってきます。過去のデータ分析でリスク・ボラティリティを把握していたら、自然と資金管理も上手にできるようになります。

データ分析は、メンタルと資金の管理にもつながるのね

「勝ち」と同じくらい「負け」を分析することも重要

データ分析に使う材料としては、自分が思いついた手法の他、名著とされている本、勝っている個人投資家のブログやSNSなどを参考にします。一般的に勝ちやすいという定評があるタイプの銘柄や状況のデータを検証していきます。

順張りがいいか逆張りがいいか、機械的な損切りルールを設けるか否か、株式市場全体の動向はどうだったか、経済指標発表などのイベントがあったか否かなども考慮していきます。

余裕がある場合は時間帯ごとの検証も有効です。**特定の時間帯に買うと勝率が高いといった現象もある**ためです。なかなか兼業投資家の方だと難しいですけれども、余力がある場合は実践する価値はあります。

こうすれば勝ちやすいといった切り口の他、こういう時は負けやすいという傾向を見出すのも重要です。株価が下がりやすい属性を持つ銘柄・イベントを発見したら、貸借銘柄の場合は空売りすれば利益を出すことができます。

勝ち負けにかかわらず分析することが大事なのね

そうです。また、株式市場は順調に思惑が実現することばかりではなく、想像を絶するような値動きがあることや、マイナス方向に急速に動くことが時折あります。過去の傾向が今後もずっと当てはまり続けることはなく、時として例外的な値動きが出てくることは避けられません。

過去の統計で期待値が高い投資を行ったとしても勝てないケースは生じるので、例外の事例の経験値も貯まっていき、さらに改善することが可能になります。

このように**データを多面的な角度で分析**して、「上手くいった銘柄に共通しているのは？」「ダメな銘柄に共通しているのは？」「良い銘柄とダメ銘柄は何が違うのか？」を掘り下げていくと、自然と期待値が高い売買行動が取れるようになり、勝率が上昇してパフォーマンスが安定する傾向にあります。

イベント投資では過去のデータを検証して、利益になる確率が高いルール・売買タイミングで取引します。現時点では優位性が確認できた売買を行うので、繰り返し売買することで再現性が高くなって収益が安定します。

過去の株価データによって、システムトレードでいう「バックテスト」を実施することで、自分が良いと思った銘柄をそのタイミングで買うことが、統計的に優位な売買であるか否かを確認できます。

振り返りが重要ということね

人間の判断に基づく株式投資を裁量取引と言い、あらかじめ設定した売買ルールに基づいて機械的に売買する投資手法をシステムトレードといいます。

あくまで最終的な売買は裁量で行うとしても、過去のデータ分析でシステムトレード的に優位性を確認することが可能になり、繰り返し売買すると収益が安定します。

経験を積んで「Aという属性を持つ銘柄は株価が上がりやすい（下がりやすい）」「Bというイベントが起こったらXの株価が上昇する傾向（下落する傾向）」「Cという経済状況においては、Yの株価が強い可能性（弱い可能性）」といった引き出しを増やすことが可能になります。

うーん、自分でイベントを見つけるのはやっぱり努力が必要ね

一定の条件を充足すると勝率の高いパターンが色々と出てきます。その中で自分がしっくりきて実践できる戦略を選定して、独自のストラテジーを構築していくと大きな武器となります。期待値が高い銘柄を淡々とクールに売買していくのが理想でしょう。

ここでおさらい！　イベント投資の2大弱点

①参加者が増えると有効性は低減する傾向

過去のデータに基づく売買は良いことばかりではありません。過去の統計に基づく売買は、同じことをやる人が多くなると、買う時は買いたい投資家が増えて買値が高くなり、売る時は売りたい投資家が増えて売値が安くなり、勝ちづらくなる傾向が生じる点に留意が必要です。

この点はシステムトレードに顕著な特徴ですけれども、イベント投資も同様に当てはまります。したがって、細かい手法一つ一つについては自分で見出すか、よりよい方法がないかブラッシュアップすることが重要となります。

②状況の変動によって傾向が変化する可能性

過去と違う相場状況になると、以前は勝てたのに勝ちづらくなったというケースが生じます。

「Replicating Anomalies」という論文がウォール・ストリート・ジャーナルで紹介されたことがあり、学者らが発見した４４７のアノマリーを厳格な基準で再検証したところ、多くが現時点では有効性が低下したという内容です。

一定の時点では著名大学の研究者が統計的有意性を立証したアノマリーも、時の経過とともに有用性が低下した事例があります。もちろん、長い時を経てしぶとく生きているアノマリーもあります。この論文では研究開発費（対時価総額比率）等が挙げられています。

しかし、株式市場に一定の傾向が生じるのはいつの時代でも変わらないので、データ分析を行うことを心がけていれば、移り変わる市況に対応していくことが可能になります。

イベント投資のキモは過去の統計から学び、期待値が高い手法を模索する点です。本書では具体的な投資手法をいくつか公開していますが、同じことをやる投資家が増えると有効性が低下する可能性はあります。

じゃあ、この本も売れないほうがいいのね！

そういうことは言わないの！　しかし、相場は常に生きているので、絶えず新しい期待値が高い方法論が誕生します。データ分析を実践していけば、傾向が変わったとしても対応していくことが可能になります。

てっとり早く儲けようとすると、大損のリスクも拡大する

データ分析の手法で期待値が高い銘柄・局面の引き出しが増えてくると、安定的に勝てるようになっていきます。

しかし、途中でたまたま不運な状況やよく当てはまらない例外事項に遭遇して、そこで大敗して心を折ってしまうと、せっかく期待値が高い方法を身につけているのに投資を止めたりしがちです。

こうならないように「大負けがあってもメンタルを崩さないように工夫する」必要があります。ファイティングポーズを取る意欲を保っていれば、一時的に負けたとしても株式

市場が開いている限りは再び収益機会が訪れます。

心がポキっと折れてしまい、投資はもうコリゴリとなってしまう最大かつ最多の要因は「大損」です。大損しないようにするためには、**抱えているリスク量を正確に認識すること**です。

「リスク量」っていうのは具体的にいうと…

分散投資が行き届いている投資信託やＥＴＦでも最大で年40％程度はマイナスになるリスクがあり、個別株式なら最悪の場合、倒産して株価が0円になるリスクがあります。

信用取引や先物取引などでレバレッジを効かせている場合は、マイナス10％になったらどの程度損失が出るのかは事前に認識しておくのが無難です。1～2年に1回は短期間でマイナス10％といった調整局面が訪れることは多々あります。

ついつい大きなリスクを取ってしまうのは、手っ取り早く儲けたいという感情からくることが多いです。インターネットの普及で、勝っている人がついつい目に付きやすくなっており、「自分はもっと勝ちたい」「早く○円を達成したい」といった欲望が湧いてきやすい世の中になっています。

「早く会社を辞めたい」とか

そういう後ろ向きな動機を前面に押し出すのはよくないでしょう。

他の投資家の利益を意識して「勝って自慢したい」という感情に支配されると、不用意なポジションを取ったり、ロットが大きくなってしまいがちです。

他と切磋琢磨する健全なライバル意識はいいことですが、スキル・精神力・経験・投資金額・資産運用に使える時間・環境などは千差万別であり、他の投資家との比較を過度に意識するとつい余計な投資、期待値が低い売買行動をしてしまいがちになります。

早く儲けたい、あるいは負けを取り戻したいと焦ると、ついつい勝ちづらい難しい局面でもポジションを取ってしまい、結果として損失を招くことはよくあります。不用意な売買を取らないように心掛けるのはとても重要です。

慎重に投資を行うことは遅いように見えて、結局最速で儲けることができると思ってます。

市場に負けるのはまだしも、自分に負けるのは悔しいわね

そうです。次章では、最新の行動経済学をご紹介するので、自分の心理のクセを客観的に把握して矯正するようにしましょう。

第11章

最新の「行動経済学」で負けグセを治す！

投資に効く！　14の「行動経済学」理論

行動経済学とは、伝統的な経済学のモデルに人間の感情や非合理的な行動などの心理学的な要素を取り入れることで、既存の経済学では上手く説明できない社会現象や経済行動の解明・モデル化を企図《きと》している経済学の分野です。

人間や企業などの経済主体の行動、金融市場の動きに新たな光を照らした分野で、誰もが功利的・合理的に判断するという前提を置いていた伝統的経済学では解明できなかった事柄に新たな光を当てました。

せこさとかマヌケさといった、「人間くささ」を加味しているってことね

行動経済学では心理・経験・認知的なバイアス等の心理学的な要素を経済モデルに組み込んで、新しいモデルの構築を目指しています。

古典的な経済学においては、経済主体は「合理的経済人」として定義されており、自らの効用を最大化する合理的な意思決定を必ず実施すると仮定されていました。

意思決定に関してあらゆる森羅万象の情報を取得でき、それに基づいて全人類・組織が物事を合理的に判断するといった前提に基づいて、モデル・理論が構築されていました。こうした前提を置くことで経済モデルの中での人々の行動が数理化しやすいので、理論化しやすいというメリットがあります。

しかし、合理的経済人ばかりで世の中が構成されるためには、誰もが意思決定のために必要なあらゆる情報を完璧に取得でき、それに基づいて合理的に利益を最大化するように最適な行動を決定できる必要があります。

「全員が合理的経済人とはとうてい言えない」という批判が生じていました。また、合理的経済人を前提とした理論では説明できない事象も頻発しており、それを否定する心理学上の実証データも揃ってきました。

少なくとも、私はけっこーミーハーに株を選んでますw

行動経済学にはつい人が陥ってしまいがちな落とし穴、取ってしまう非合理的な行動が詰まっており、イベント投資の実践においても大いに役立ちます。

①プロスペクト理論・損失回避

人間は利益を得られる場面ではリスク回避を優先し、損失を被る場面では損失をなくすために行動して、結果として非合理的な行動を取ってしまう傾向があります。

① A100%5万円プレゼント　B50%の確率で0円か11万円プレゼント

② A100%5万円の罰金　B50%の確率で0円か9万円の罰金

という選択肢がある場合、①はAを選ぶ人が多いのに、②はBをチョイスする人の数が増えます。

利益を得られる局面では確実なリターンを選好して、損失を被る局面では不確実な確率に賭けて損失を消したいという心理が働く傾向にあります。類似した状況でも利益を得る場合と損失を被る場合では、意思決定が異なってくる心理現象となっています。

つまり、5万円儲けることの喜びと5万円損することの悲しみを比較すると、後者の方が大きな影響力を人間に及ぼしています。

トクよりソンに対してのほうが敏感なのね

こうした心理の結果として、**利食いは早くなって損切りは遅れたり、損失が発生している局面では一発逆転を狙ってリスク選好的になる傾向**が研究されています。年間損益がマイナスになった場合、プラスに戻そうと無理な取引を行わないように注意する必要があります。

②現状維持バイアス

人間は変化や未知のことを避けて、現状を維持したい傾向があります。**変化や新しい取り組みで得られる利益による満足よりも、裏目に出て失敗した時の打撃を回避する志向が**あります。

新しい概念や法則が出てきた場合、積極的になれずに、ついつい今までの現状に安住しがちです。しかし、こうした心理に負けずに絶えず情報収集・研究することが重要になります。

「ぬるま湯につかる」っていうけど、気をつけないと自分もそうなるのね

③ハウスマネー効果

投資で利益を得た後は、人はより多くのリスクをとろうとして、逆に負けた後はリスクを回避する心理です。

たとえば、まつ子ちゃんは、投資で１００万円のリターンが出た後は、ついついその一部で数十万円の株式を購入したくなりませんか？

なるなる。勝った金だし、みたいな

でも、利益が出て気分が良くなっているからとって、今なら勝てると期待値が低いトレードを行うのは避けるべきです。たまたまの直近の投資成果が意思決定に歪みを及ぼす影響は抑制するのがクールです。

④ブレークイーブン効果

投資において評価損があると、それを消そうとして通常よりも高いリスクの投資を行ってしまう現象です。絶対的な自信を持って購入した株式が下落すると、ついついナンピンしてしまいがちですね。

現実はともかく、心理的にイーブンにもっていきたい、と

それはこのような心理作用が働いているのも要因の一つです。評価損を早くなくそうと慌てていないか、頭に血が上って冷静な判断力を喪失していないかどうか等をチェックするのが無難です。

⑤スネークバイト効果

大損した経験がある場合、必要以上にリスクテイクに消極的になってしまう傾向です。蛇に噛まれた経験がある方が、蛇を執拗に避けるようになることからスネークバイト効果と名付けられています。

わかるわー。痛い目にあうと、臆病になるよね

一度投資で大損を被るともうコリゴリとなりがちな心理的負担があることを認識して強い気持ちを保ったら、たまたまの不運な損失で心を折ってしまい、投資を止めてしまうようなことを回避できます。

⑥心理会計（メンタルアカウンティング）

同じ金額のマネーでも、目的や状況などによって、人々が異なる評価・行動を行ってしまいがちな概念です。

お金に関する意思決定を行う際、自然と小さな枠組み・スキームを構築して、意思決定が歪んでしまいがちです。たとえば、給料の20万円よりも宝くじで当たった20万円の方がパーっと使いやすいという現象です。

ハウスマネー効果と似ているわね

競馬の最終レースでは、倍率が高い馬券に賭ける人が多くなり、最初の頃のレースよりも相対的に本命寄りのオッズが高くなり、大穴系のオッズが低くなる傾向にあると言われています。

競馬というのは基本的には期待値がマイナスのギャンブルなので、最終レースの頃には1日の収支がマイナスという方が多いのが通常です。1日の収支という枠組みを自然と心の中に作って、1日の損を最終レースで挽回しようとする心理が働いています。

⑦保有効果

一度手に入れたものに対して自然と愛着が湧いて、主観的に高い評価を付与する現象です。自分が所有したモノは自分のなかで価値が上がり、手放したくないと考える傾向のことです。

人は保有物を失うことに対して強い抵抗を示す傾向があり、既存の保有物に対して過大評価する傾向があることが心理学的に明らかになっています。

DV夫を「本当はいい人よ」とかばう気持ちに通じるような…

良い銘柄だと思って購入した株式は、無意識のうちに思い入れが生じて価値が上がり、ついつい良い材料ばかりを探してしまい、何らかの悪材料が出た場合でも継続ホールドを正当化して損切りが遅れてしまったりします。

⑧アンカリング効果

過去に見聞きしたインパクトがある情報・数値が、その後の行動に影響を及ぼす事象です。特定の情報がアンカー（船のいかり）となり、その後の意思決定がその情報に引きずられて歪むことがあります。

意思決定のために必要となる情報が不足気味の場合、自分にとって印象深い情報を重視する傾向があります。また、複数の選択肢から一つを選ぶ場合、最初に見た情報に影響を受けてしまいがちです。

買値や売値にバイアスがかかることにも影響します。また、購入株価がアンカリングとなり、買った価格よりも少し下がっただけでナンピンしてしまい、傷口を広げる結果となることがあります。

ナンピンをやりがちなのは、ブレークイーブン+アンカリング効果のせいなのね

私は、特に一度売った銘柄を高値で買い戻すのを躊躇せず、過去の株価が意思決定に歪

みを与えるアンカリング効果に打ち勝つことを心掛けています。

「これからも上昇する」と思ったら売ったことがあったとしても買うべきよね

⑨双曲割引

遠い将来の利益よりも、近い将来の利益を過剰に重視してしまう傾向を指します。これは有名な話ですが、同じ期間差でもイベントの時期がいつかによって判断にブレが生じる興味深い傾向が把握されています。以下2つのケースは、実質的な時間差は1年で同一となります。

① A今すぐに9000円もらう　B1年後に1万円もらう

② A10年後に9000円もらう　B11年後に1万円もらう

①の場合Aが多いのに、②の場合Bが多いのです。スパンは同じ1年という差でも、10年後と11年後ならどちらも「遠い未来」として扱うということです。

同じ「遠い未来」なら1000円でも多いほうがいいのね

人間の脳は今日と明日の違いは、10年後の7月7日と7月8日の違いよりも大きいと解釈する傾向があります。中長期投資でガチ・ホールドすべき局面で、ついつい目先の利益確定を優先して売却してしまい、大きな利益を取り逃した経験がある人は、この「双曲割引」の心理作用を覚えてください。

⑩ウィンザー効果

当事者から情報を伝えられるよりも、第三者から間接的に得た情報を重視する心理現象です。インターネットで良い口コミが多い商品や、有名人がＳＮＳ等で紹介した商品は買いたくなるような現象です。

著名投資家やアナリストが推奨している銘柄を買いたくなりますけれども、盲目的に他者の投資判断に依存することほど危険なことはありません。

ソンしてもその人のせいにできるから、気持ち的にラクなのかな

少なくとも、その人が過去に推奨した銘柄を公開後に購入した場合、パフォーマンスがどうであったのかデータ分析するようにしましょう。

⑪希少性の法則・原理

数が少ないもの、今しか買えないものに高い価値を感じる傾向のことです。投資サロンや有料メルマガ等で、「今だけ新メンバー募集」「今しか申し込めない」といった限定が付されている場合、ポチるのを後押しする効果があると言われています。

「今だけ」というキャッチフレーズがついていても、本当に「今だけ」というケースは僅少であり、その募集が定期的に行われることが多いです。

ご丁寧にタイムウォッチ式にしているサイトもあるわね。私、それで美顔器買ったわ

⑫ギャンブラーの誤謬（回帰の誤謬）

自らの体験・経験によって生じるバイアスによって、合理的な確率に論拠した予測ができなくなる現象を指します。コインを15回投げてすべて表が出ていたら、そろそろ裏が来ると考える方が出てきやすいという現象です。

えっ、そうなんじゃないの?

これが違うのです。イカサマがないと仮定するとコイントスで表が出る確率、裏が出る確率はそれぞれ五分五分であり、連続で裏が出たからといってその確率が変わるわけでは

ありません。株価の下落が続いていたらそろそろ反発すると思って安直に株式を購入すると、そこからさらに下落することはよくあります。また、株価の上昇が続いたらそろそろ反落すると思って空売りしたら、さらに力強く株価が上昇して損失が出ることがあります。

逆張り戦略を採用する場合は、統計的に勝率が高い局面で行うのがベターであり、「陰線が続いているからそろそろ反発」といった根拠レスの判断でなんとなくトレードを行うと、損失が発生するリスクがアップします。

⑬おとり効果

選択肢によって意思決定にブレが生じる現象です。たとえば、同じ3000円の商品Yでも、

①商品Yが3000円、商品Zが1000円
②商品Xが1万円、商品Yが3000円、商品Zが1000円

なら後者の②の方がYを買う人が多い現象を指します。

松竹梅あると、竹を選びたくなる感じね

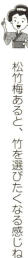

割高かな…と思いつつも、より割高な銘柄があるからいいかと思って安直に買ってドボンという落とし穴にはまることは避けるべきですね。

⑭バンドワゴン効果

支持者が多ければ多いほど、良いものという認識が刷り込まれて安心感が増加する心理的効果を指します。

行列に並びたくなる心理ね

しかし、特に投資の世界は多くの方が支持しているからといって、その手法や銘柄が今後よいパフォーマンスを発揮できるとは限りません。参考にするけれども、最終的な意思決定は自分でくだすのが重要です。

このように、行動経済学では人々が心理的にとってしまいがちな不合理な行動が列挙されており、株式投資、イベント投資を行うにあたっても大いに役立ちます。

以上、意思決定を歪める14の理論を紹介しました。自分の負けトレードのクセを客観的に把握して、不合理な行動を取らないよう心がけましょう。

おまけ

スワップ狙いの「ＦＸ両建て」で低リスクに高利回り

スワップアービトラージとはスワップ狙いのFX両建て

日本で大人気の金融商品の一つがFXです。「ミセス・ワタナベ」という造語が普及するほど、日本で定着しました。ここでは、株式投資ではありませんが、FXで私がよくやっている誰でもできる簡単な投資法をご紹介しようと思います。

日米欧の金融政策決定会合や、米国の雇用統計などの重要経済指標の発表時には、全国各地でプレーヤーが虎視眈々と参戦しています。実況中継などの動画も人気を博しています。

しかし、やはり簡単に収益を上げられるものではなく、継続的に勝ち続けることは難易度が高いです。

一方で、ノーリスクではありませんが、「異業者間FX両建て」という勝率が高い方法があります。「スワップアービトラージ」という名前でも呼ばれている手法です。

スワップポイントの差というイベントを利用してサヤ取りする方法で、同一のFX会社ではなく、２つのFX会社を利用して両建てを組む方法です。

ロング・ショートを別のＦＸ会社で行うのね

ＦＸで外貨買いすると、基本的にはスワップポイントが手に入り、外貨売りをするとスワップポイントを支払うことになります。

店頭ＦＸ（ＦＸ業者との相対取引）においては、建玉維持で受け払いするスワップポイントは各社でバラつきがあります。

たとえば、ドル円１万通貨のスワップポイントが、Ａ社は買い65円、Ｂ社は売り35円だったりします。

こうした局面において、Ａ社でドル円を買い、Ｂ社でドル円を売ると、１万通貨あたり30円（65－35）が手に入ります。買いと売りの値動きは基本的には一致するため、損益通算すれば±０となります。

同じ通貨量でロング・ショートなら、常に利益はトントンね

スワップポイントの差額だけ利益が出ることになります。２つの業者で両建てを組んだ場合のメリットです。

ってことは、どれだけ儲かるの？

たとえば、レバレッジ10倍で運用すると、ドル円110円の場合は1万通貨あたり、ドルを買う方のFX会社へは約11万円の入金が必要となります。売る方のFX会社へも約11万円の入金が必要となります。

合計22万円の資金で、1日当たり35円、1年で1万2775円が手に入ります。コスト（スプレッドやスリップ）を無視すると、年利は約5・81％となります。

スワップアービトラージでスワップポイントのサヤ取りが可能な仕組みとなっています。これは数年間続いている現象であり、一度限りではなく継続的にサヤ取りが可能となっています。

FX業者は多種多様な業者がありますが、その中でも買い方のスワップポイントが比較的高めの業者や、売りのスワップポイントが比較的低めの業者があります。**特にDMM FXは売りの場合、支払うスワップポイントが低いことが多い**です。

誰でも超カンタンにできる「FX両建て」のコツ

一例として2015年9月頃の例を取り上げます。あえて数年前の事例を取り上げているのは、今現在だけではなく定期的に有効だったことをお示しするためです。

この時期は、SBI FXトレードの豪ドル円は、買いのスワップポイントが44〜53円程度で推移していました。ここではやや保守的に平均48円とします。当時の公表スプレッドは0・77銭でした。

DMM FXの豪ドル円は、売りのスワップポイントがマイナス35円、当時の公表スプレッドが0・7銭でした。

SBI FXトレードとDMM FXに8万7000円ずつ入金し、同時に1万通貨ずつ、SBI FXトレードで豪ドル円買い、DMM FXで豪ドル円売りをします。

するとSBI FXトレードで受け取るスワップポイント48円と、DMM FXで支払うスワップポイント35円の**差額13円（48-35）が毎日手に入ります**。1ヶ月390円、1年間で4745円です。コスト抜きでは年利約2・73％となります（4745÷17万4000）。

公表スプレッドは両社を合わせると1・47銭（0・77+0・7）なので、手数料の目安は147円となります。スリップという指定価格と約定価格がズレる現象が発生するケースがあり、この場合はもう少しかかる可能性もあります。

元本割れの期間の目安は約11日間です。少し余裕を持って2週間スワップポイントの差額が変動しなかったら元本が回復します。

当時の豪ドル円のレートは約87円だったので、８万７０００円入金するとレバレッジ約10倍となりました。この場合、買った方のポジションは、豪ドル円が約81・78円を割るとロスカットしてしまいます。売った方のポジションは、豪ドル円が約92・22円を上回るとロスカットしてしまいます。

したがって、時の経過とともに、損益がプラスになった方の口座から出金し、マイナスになった方の口座に入金する作業が必要になってきます。

一方の口座入金が増えて一方が減るから、均一に保たないといけないのね

レバレッジ10倍だと６％の変動でロスカットとなります。レバレッジ７倍だと約10・29％の変動までロスカットされません。ただし年間の利回りは１・91％に低下します。定期預金はボーナス時期のキャンペーンでも１年０・２〜０・３％程度、個人向け国債もそれ以下なので、それより高い利回りは魅力的です。

小遣い稼ぎにはちょうどいいかもね

そうですね。特に、ドル／円、ユーロドル／ドル、豪ドル／円、ＮＺドル／円、南アフリカランド／円など、多様な通貨ペアでスワップポイントの差額が拡大して妙味が生じる時期があります。

リスク少なめとはいえ、この5つに気をつけよう！

異業者間ＦＸ両建て（スワップアービトラージ）にも、リスクが有ります。事前に留意しておく必要があります。

①スワップポイント変動リスク

スワップポイントは固定されたものではありません。市場の金利情勢に対応して毎日変更される可能性があります。スプレッド（コスト）を取り戻すまでは一定の時間がかかるため、両建てした後しばらくは元本割れの時期があります。

この時にスワップポイントの差が縮小したら、損失が生じてしまう場合もあります。受け取りスワップの縮小、支払いスワップの拡大のリスクがあります。

②ロスカットリスク

時間の経過とともに、買い・売りのどちらか片方がプラスとなり、もう片方がマイナスになるので、**プラスになった口座から出金し、マイナスになった方に移す必要**が出てきます。

レバレッジを抑えるとロスカットリスクは低下しますが、それだと利回りが低下してしまうため、妙味が少なくなります。レバレッジを高めるほどリターンが上がりますが、ロスカットのリスクが高まります。

ロスカットの注意が必要であり、一定の変動には耐えられるよう、**レバレッジはMAXで10倍くらい**に抑えた方が個人的にいいと思います。

リーマンショック後、大震災直後、ギリシャショック、チャイナショックなどボラティリティが大きい時期は大きく為替レートが動き、**世界同時株安&為替激変のようなイベント発生時にはロスカットのリスクが拡大**します。

また、**平時でもフラッシュ・クラッシュのような突発的な為替変動の事態**があり得ます。

異業者間ＦＸ両建てを組むと、やがてどちらかの口座で評価損が膨らみます。ロスカットを避けるために評価益が出ている口座から出金して、評価損が出ている口座に入金する必要があります。

しかし、出金には時間がかかります。**一般的な業者は出金が翌営業日ですので、出金から入金までタイムラグがあり、為替レートの変動が急激だと、この間にロスカットしてし**

まうリスクがあります。
平日の昼間はリアルタイム出金が可能な業者もありますが一部です。また、一定金額という制約があることがほとんどです。ほとんどの業者は当日に出金できず、金融機関の翌営業日などになります。一部には未決済のスワップポイントが出金不可という制約があるFX業者もあります。

「ほったらかし」はいけないのかしら?

NGです。ロスカットを防ぐためには、**毎日1回くらいは評価損益の状況をチェック**する必要があります。

③業者の信用リスク

店頭FXは「全額信託保全されているので、業者が破綻しても問題ない」というイメージがありますが、業者の最後の信託から破綻までの為替レートの動きによっては、不測の損害が生じるリスクが0%ではありません。

信託銀行に信託保全されている金額は、最後に信託設定した際の為替レートに基づく金額です。それ以降の為替レートの変動は反映されません。

毎営業日、NYクローズ時点の有効残高（顧客区分管理必要額）を確定して、必要な金額を翌々銀行営業日までに信託設定する業者がほとんどです。

証拠金等の残高が実際に信託されるまでには一定の日数が掛かり、その期間は信託保全の対象外となります。

なお、ＳＢＩ　ＦＸトレードの即時信託保全サービスは、ユーザーが入金した証拠金がダイレクトにＦＸクリアリング信託の管理口座に入金されて、即時に信託保全される仕組みとなっています。

入金から信託保全完了までにかかる2営業日程度のタイムラグがないのがメリットです。ただし、即時信託保全の対象は取引証拠金として入金した資産のみで、実現損益・未決済ポジションの評価損益・スワップポイントなどの資産変動については、従前通り2営業日以内となります。

また、ＦＸ業者の故意や過失によって顧客区分管理必要額を正しく算定できていなかった場合には、信託口座で区分管理された信託財産の金額が、顧客区分管理必要額に不足する可能性がゼロではありません。

２０１２年にはイニシア・スター証券という業者が関東財務局から業務停止命令・登録取消処分を受けて、その後に破綻したことがあります。

区分管理すべき顧客資産を運転資金や第三者への貸付などに流用して、**実際には信託保全していなかった**という前代未聞の不祥事でした。

ＦＸ業者が信託保全をしていない可能性もゼロではないのね

このようなリスクが伴っているので、自己資本規制比率、財務、業績、企業姿勢、経営陣、株主などを考慮して、健全と推察できる業者のみを利用するのが重要です。

どんなにスワップポイントが魅力的でも、信頼性・信用力が不透明なマイナー・海外ＦＸ業者などは利用しないのが無難です。

④専業投資家・専業主婦は税制に要注意

店頭ＦＸの利益は、「先物取引に係る雑所得等の課税の特例（租税特別措置法第41条の14）」の適用対象となり、申告分離課税の対象となります。

税率は他の所得額にかかわらず一律で約20％（所得税15％＋住民税５％）となりますが、所得に入ります。**専業投資家、リタイア後の方、専業主婦などは、国民健康保険の保険料の上昇や、扶養対象から外れるなどのデメリットが生じる**場合があります。

確定申告不要の**年20万円以上はＦＸ両建てで利益を上げない**ようにしましょう。両建てで確定申告が必要なところまで収益を上げると、余計なコストが発生するリスクがあります。

⑤通貨の取り扱い停止・消滅

ＦＸが通貨ペアの取り扱いを停止する可能性があり、取引を続けられなくなるリスクもあります。過去にはアイスランドクローナの取り扱い停止が問題になったこともあります。また、米ドル・豪ドルなどの主要通貨では限りなくゼロに近いですけれども、通貨そのものの消滅というリスクもないとは言えません。

調子こいてたらロスカット寸前に追い込まれた件

私もスワップアービトラージを何度か実践してきましたが、一度ロスカット寸前に追い詰められたことがあります。それは２０１４年10月31日に日銀が予想外の追加金融緩和策を決定して、金融市場にサプライズを起こして大幅に円安が進んだ時です。黒田日銀総裁の「バズーカ２」と呼ばれた追加緩和でした。

この時、私は油断して「現状維持」だろうと考えておりノーガードで、しかもたまたま休みを取って旅行中でした。ホテルで当時利用していたＦＸサービスから証拠金低下のメールを受け取り、何事かと状況を確認したらおったまげて目が飛び出そうでした。

調子こいてたら、とてつもないパンチをくらったわけね

即時入金できるお金がほとんどなく、買い方のＦＸ業者から出金して入金するまではタイムラグが有りました。

ロスカット後に反落するような値動きになったら不足の大打撃となるので、定期的にウォッチしてロスカットしそうになったら一斉決済しようと身構えました。旅行中であるにもかかわらず、常に市況をチェックする必要が生じて台無しでした。

幸いロスカットには至らずに土俵際で踏みとどまりましたが、スワップアービトラージにはこのようなリスクがある点に注意が必要です。

手間はかかるが、スワップ差額次第でハイリターンも可能！

異業者間ＦＸ両建ては、ＦＸ業者によってスワップポイントに差額があることを狙う手法で、２～６％の利回りを獲得できる場合があります。

ただし、スワップポイント変更リスクがあり、短期間でスワップポイントの差が縮小した場合、元本割れの危険もあります。また、ロスカットリスクには気をつけて、適宜入出金する必要があります。

定期的に訪れるショックのような市場激変時、サプライズの金融政策変更、フラッシュ・クラッシュのような突発的な事態においては、ロスカットして損失が出るリスクがある点に注意が必要です。

手間はかかりますが、昔は豪ドル／円のスワップポイントが大きく開いて、**7〜10%の利回りが確保できる時期**もありました。スワップポイントの差額をチェックして妙味が出たら両建てを組むとサヤ取りを期待できます。

おわりに

いかがでしたか？

私は新社会人になって仕事をひと通り覚えて余裕ができた2005年9月頃から株を始めて、試行錯誤を繰り返しながら紆余曲折を経て、幸いイベント投資で成功することができました。

ただ、これまで順風満帆な人生を送ってきたわけではなく、投資で成功する前には交通事故で寝たきりになる辛い出来事もありました。

起き上がることすらできなかった時は、失意や不安に包まれながら奈落の底をさまよっていました。しかし、救急車、医療機関、献血などの社会インフラによって無事に後遺症も残らずに健康な状態に戻れました。

医療インフラがしっかりと整備されているのが不幸中の幸いでした。もしそれがダメな国だったら、今の私はなかったかもしれません。微力ながら恩返ししたいと考えて、事故、自然災害、病気などでお困りの方々の手助けになれたらと思い、この本の印税全額を日本赤十字社に寄付することにいたしました。

投資本である以上、私は「成功者」としてお話ししてきましたが、投資で成功できたのは自分一人の力ではなく、偉大な先輩方の本・ブログ・SNSなどを参考にできたからです。先人の知恵を授かり、よりスピーディーかつ効率的に成長することができたのは、とてもありがたいことでした。

日々メール、Twitter、LINE、Skype等で情報交換させていただいている先輩方・同志の方々に感謝の気持ちでいっぱいです。本当に素晴らしい仲間に恵まれた結果、今があります。まだまだ修行中の身であり、これからも絶えず研鑽を積み重ねて、よい情報をフィードバックできるように努めます。

この本を出せたのは、ぱる出版編集者の荒川三郎様、携わってくださった全ての方々のご尽力のおかげです。深く感謝しております。また、いつもブログをご覧頂いている読者様、取り上げてくださっているメディアの方々のお力添えの賜物です。心よりお礼申し上げます。何より、産んで育ててくれた親に感謝の気持ちを込めて、この本を誰よりも先に捧げたいと思います。

２０１８年10月

個人投資家　まつのすけ

そして、最後の最後のこのような部分まで読んでくださった
読者の方、本当にありがとうございました。
本書があなたの人生を豊かにする一助になれたら、
筆者としてこんなに光栄なことはありません。

まつのすけ
株式投資メインで稼ぐ個人の兼業投資家。人気投資ブログ「The Goal」管理人。
投資歴約13年。2005年-2010年は「バリュー株投資」で買ち負けを繰り返していたが、2011年から過去の値動き分析を取り入れた「イベント投資」により、飛躍的にパフォーマンスが向上、33歳で「億り人」に到達。下落率の少ない低リスク運用を特徴とし、安定的に年平均20-100％の利益を獲得、現在の年間利益は約3178万円。東証一部昇格狙い、株主優待投資、新高値投資などが得意分野であり、現状に飽き足らず、優位性がある取引手法を日々模索している職人的投資家。
ダイヤモンドZai、日経マネー、日経ヴェリタス、日経トレンディ、Yen SPA!、SPA!、週刊ポスト、マネーポストなど著名メディアに多数登場。フィスコソーシャルレポーター。

【ブログ】『The Goal』https://matsunosuke.jp/
【Twitter】https://twitter.com/matsunosuke_jp

会社員《かいしゃいん》をしつつ、
株《かぶ》で元手《もとで》40万《まん》から月《つき》250万《まん》ちょい稼《かせ》いでいる件《けん》

2018年10月24日　初版発行
2018年12月３日　４刷発行

著者　まつのすけ
発行者　常塚嘉明
発行所　株式会社 ぱる出版

〒160-0011　東京都新宿区若葉1-9-16
03（3353）2835 ― 代表　03（3353）2826 ― FAX
03（3353）3679 ― 編集
振替　東京 00100-3-131586
印刷・製本　中央精版印刷(株)

ISBN978-4-8272-1150-4 C0033